Training

Kirsten Wächter

Meetings in English

Besprechungen sachgerecht und produktiv gestalten

POCKET BUSINESS

Cornelsen

Dieses Buch enthält einige Auszüge aus dem Werk „Kenneth Thomson, English for Meetings“ (Short Course Series), die mit Erlaubnis des Cornelsen Verlags genutzt werden.

Die in diesem Buch angegebenen Internetadressen wurden vor Drucklegung geprüft (Stand: März 2007). Der Verlag übernimmt keine Gewähr für die Aktualität und den Inhalt dieser Adressen und solcher, die mit ihnen verlinkt sind.

Verlagsredaktion: Christine Schlagmann
Technische Umsetzung: Holger Stoldt, Düsseldorf
Umschlaggestaltung: Katrin Nehm, Berlin
Titelfoto: © mauritius images / age

Informationen über Cornelsen Fachbücher und Zusatzangebote:
www.cornelsen-berufskompetenz.de

1. Auflage

Druck: Druckhaus Berlin-Mitte

ISBN 978-3-589-23479-0

Inhalt gedruckt auf säurefreiem Papier aus nachhaltiger Forstwirtschaft.

Einführung

„Oh no, not another meeting!“ So lautet ein häufig zu vernehmender Stoßseufzer im Arbeitsalltag. Dabei stellt sich die Frage: War das schon vor dem Zeitalter der Globalisierung so? Oder hat mit dem Einzug der internationalen Unternehmenskultur auch eine neue Meetingkultur Deutschland erobert?
Ein Zeichen, das für Letzteres spräche, wäre die Tatsache, dass der englische Begriff Meeting das deutsche Wort Besprechung fast verdrängt hat und dass zunehmend Meetings auf Englisch abgehalten werden. Dies stellt für Teilnehmer und Teilnehmerinnen, deren Muttersprache nicht Englisch ist, gleich eine doppelte Herausforderung dar: Sie müssen sich nicht nur um den Inhalt und die gewünschten Ergebnisse kümmern, sondern zudem mit einem neuen sprachlichen Level und häufig mit anderen Gepflogenheiten und Spielregeln für Meetings auseinandersetzen.

Was erreichen Sie mit diesem Buch?

Dieses Buch unterstützt Sie mit nützlichen Redewendungen und Tipps für internationale Begegnungen dabei, Meetings auf Englisch zu meistern. Je mehr Sie verstehen und selbst beitragen können, umso stärker können Sie ein Meeting hinsichtlich eines für Sie vorteilhaften Ausgangs beeinflussen. Das Augenmerk wird insbesondere auf die Möglichkeit gerichtet, Vokabeln und Redewendungen strategisch sinnvoll einzusetzen und das Verständnis der anderen Parteien in jeder Hinsicht zu verbessern – ganz gleich, ob Sie mit Kunden, Vorgesetzten oder Kollegen Besprechungen abhalten.

Was finden Sie in diesem Buch?

Die einzelnen Kapitel des Buches beinhalten …
- unterschiedliche Meetingsituationen,
- sprachliche Übungen zur gezielten Verbesserung Ihrer Englischkenntnisse,

- Hilfen für die Zeit vor und nach dem Meeting,
- Anmerkungen zu Stolpersteinen, die auf einem internationalen Parkett zu beachten sind,
- Tipps zu Audio- und Videokonferenzen sowie
- praktische Beispiele und Anregungen für eine effektive Vorbereitung.

Übrigens: Sie werden sehen, dass sich in diesem Buch diverse englische Songtitel versteckt haben. Wissen Sie, von wem sie stammen? Die Auflösung finden Sie auf Seite 126/127.

Inhalt

1 Ein Meeting organisieren

Die Organisation von Meetings obliegt mittlerweile längst nicht mehr ausschließlich Abteilungsleitern und ihrem Stab: Immer mehr Mitarbeiter, die für einzelne Projekte zuständig sind oder bestimmte Kunden betreuen, müssen Besprechungen vorbereiten und durchführen.

> Vorab gilt es zu überlegen: Ist dieses Meeting notwendig?

In manchen Firmen verbringen einzelne Mitarbeiter inzwischen fast so viel Zeit in Meetings wie an ihrem Arbeitsplatz, was einer meiner Kursteilnehmer so formulierte: *„Out of the five days in office, I only meet for two days and I work on the other three days."*
Nachdem Sie die Notwendigkeit des Meetings konstatiert haben, stellen sich die nächsten Fragen: Welche Form von Meeting empfiehlt sich? Wer wird eingeladen? Wie erfolgt die Einladung? Welche Alternativen gibt es zu dem Wunschtermin? Was ist zu tun bei kurzfristigen Absagen?

1.1 Formen von Meetings

What's the name of the game?

Wenn der Begriff Meeting im Deutschen verwendet wird, sollte zunächst einmal geklärt werden, was gemeint ist:

- Ein Meeting kann so unterschiedliche Dinge wie eine Abteilungsbesprechung (*team meeting*) oder eine Jahreshauptversammlung (*annual general meeting*) bezeichnen.
- Es gibt Meetings, die regelmäßig abgehalten werden, und solche, die nur selten oder sogar einmalig stattfinden.

Ü1 Betrachten Sie die folgenden Arten von Meetings und ordnen Sie sie ihren Definitionen zu.

1. People who work in the same department have this type of meeting regularly.
2. This is a meeting of the company's most senior managers.
3. If you need new ideas, you have this type of meeting.
4. This is a meeting for a company's investors.
5. At this type of meeting, you talk about what has been accomplished on a project.
6. This type of meeting is held at the beginning of the project.

Überlegen Sie einmal, an welchen Meetings Sie regelmäßig teilnehmen bzw. welche Arten von Meetings Sie organisieren und wie häufig diese auf Englisch stattfinden.

Im weiteren Verlauf des Buches werden wir uns schwerpunktmäßig mit zwei typischen Meeting-Situationen beschäftigen: mit einer Verkaufsverhandlung und mit den Zusammenkünften eines Projektteams. Anhand dieser prototypischen Begegnungen lassen sich die zentralen Aspekte eines Meetings gut darstellen:

- Eine Verkaufsverhandlung deckt die erste Kontaktaufnahme und Begegnung mit dem Kunden ebenso ab wie eine kurze Vorstellung des Unternehmens und die eigentliche Verhandlungssituation (siehe Kapitel 5).
- Ein Projektteam trifft sich nach den ersten Kick-off- und Brainstorming-Sitzungen regelmäßig, um über Fortschritt und Finanzierung des Projekts zu sprechen. Es bietet so genügend Möglichkeiten, englischsprachige Diskussionen vorzubereiten und zu trainieren.

1.2 Zu einem Meeting einladen

For the very first time

Bei einer Einladung gilt die erste Überlegung der Kommunikationsform: Soll die Einladung schriftlich oder per Telefon erfolgen? Soll sie per Brief, per Fax oder per E-Mail verschickt werden?

Einladung per Telefon

Nehmen wir an, Sie möchten einen potenziellen neuen Kunden zu einem Meeting einladen. Der erste Kontakt kann über einen *sales letter* oder eine Empfehlung laufen; die Einladung zum Meeting sollte in diesem Fall per Telefon erfolgen. Dabei sind die folgenden Tipps hilfreich:

- Bereiten Sie Ihr Telefonat vor, indem Sie die zentralen Punkte – also Zeit, Ort und Gegenstand des Treffens sowie eventuelle Sonderpunkte – auf Englisch notieren
- Nach der üblichen Begrüßung und möglicherweise etwas Small Talk können Sie folgendermaßen zum Gegenstand Ihres Anrufs kommen:

  – I'd like to invite you to tour our company next week.
  – I think we should arrange a meeting for a presentation of our products.

- Nach dem OK Ihres Gegenübers können Sie den Zeitpunkt konkretisieren:

  - Could we meet on Thursday morning?
  - Would two-thirty suit you?

Einladung per E-Mail

Wenn es darum geht, die Beteiligten eines Teams innerhalb eines Unternehmens zu einem Meeting einzuladen, empfiehlt sich eine Kontaktaufnahme per E-Mail. Durch die Wahl dieses Kommunikationskanals können Sie auf Arbeitszeiten und Abwesenheiten Rücksicht nehmen.
Bei der Einladung zu einem Meeting per E-Mail ist Folgendes zu beachten:

- Die wichtigsten Fakten sollten schon in der Betreffzeile der E-Mail stehen (z.B. „*Sales Meeting London October*").
- Nach der Anrede folgt zunächst der Anlass:

  - I'd like to discuss our budget for the project.
  - We need to finalise the next product launch.

- Anschließend erfolgt ein Vorschlag zur möglichen Zeit:

  - I suggest a meeting on Thursday at 14.00 CET via an audio conference.
  - We should have a meeting before the Paris fair in June. How about May 10?

- Verweisen Sie auf Terminalternativen oder bitten Sie um eine Eingrenzung der möglichen Daten:

  - If the date mentioned isn't possible for you, please suggest an alternative in that week.
  - Can you tell me which days would not be suitable in that week?

Nachdem Sie von allen Teilnehmern eine (hoffentlich) positive Antwort erhalten haben, vergessen Sie nicht, das Ganze durch eine abschließende E-Mail festzuzurren. Die kann beispielsweise so aussehen:

Subject: budget meeting, April 26
From: project manager
To: project team

Dear All

As agreed we are holding a meeting on our project budget at head office next Thursday at 15.00 CET. I booked room Stockholm till 18.00.
I suggest going out for dinner after the meeting.

Looking forward to seeing you all
Rgds
Joanna

Ü2 Bilden Sie vollständige Sätze.

1. let's / soon / meeting / a / sometime / have / .
~ *Let's have a meeting sometime soon.*

2. like / to / you / When / meet / would / ?

____

3. at / Thursday / How / 11.30 / about / morning / ?

____

4. would / for / next / be / Thursday / you / How / ?

____

5. hope / suit / will / I / you / that/ .

____

6. to / forward / you / I / look / then / meeting / .

____

Getting it across: London calling

Audiokonferenzen sind aus internationalen Unternehmen nicht mehr wegzudenken, nicht zuletzt, weil sie helfen, Reisekosten einzusparen und trotzdem alle Teilnehmer ins Bild zu setzen. Dabei sieht man sich mit dem Problem konfrontiert, Besprechungen mit Mitarbeitern aus Zeitzonen abzuhalten, die kaum eine Schnittmenge aufweisen.

> Richten Sie, um dies zu erleichtern, eine interne Weltuhr durch die World Clock ein, die Sie unter www.timeanddate.com/worldclock finden.

Unter dem Link „Personal World Clock" können Sie die Zeitzonen Ihrer Niederlassungen, Kunden oder Lieferanten eintragen. Beim Festsetzen von Terminen haben Sie so mit einem Mausklick alle Zeitzonen parat und können die geeignetste Zeit für die Beteiligten heraussuchen.
Testen Sie es selbst: Welche Zeit ist geeignet, um eine Audiokonferenz mit Kollegen in Delhi, New York, Helsinki und München abzuhalten? (*Antwort:* 15.00 CET; Central European Time = mitteleuropäische Zeit. Helsinki hat dann 16.00, Delhi 18.00, New York 09.00 Uhr).
Diese Website bietet zusätzlich die Funktion eines *meeting planners* für internationale Telefonkonferenzen. Neben den Zeitzonen sollten Sie ferner Feiertage in den beteiligten Regionen beachten.

1.3 Antworten und Absagen

Straight to you

Telefonisch

Sie erhalten einen Anruf von einem Geschäftspartner, der Sie zu einem Meeting einlädt. Er macht einen Terminvorschlag, der Ihnen gut passt. Darauf antworten Sie wie folgt:

– Sure, no problem. Shall we say Thursday at ten?
– Yes, Friday would be convenient. What time?

Falls Ihnen der vorgeschlagene Termin nicht passt, bedauern Sie dies und schlagen anschließend eine Alternative vor:

– I'm afraid Thursday won't be possible. How about Friday?
– I'm sorry, I have another appointment at nine-thirty. Can we make it eleven instead?

Wenn alles geklärt ist, sollten Sie am Ende des Gesprächs noch einmal die wesentlichen Fakten zusammenfassen.

– OK, I'll pick you up at the station next Thursday at ten, and then we'll tour our factory first.
– Right, so we'll meet Friday at eleven, then, at your office.

Vergessen Sie keinesfalls, einen positiven Schlusskommentar vor die Verabschiedung zu setzen:

– I very much look forward to meeting you.
– That will be very interesting. Till Wednesday then. Bye.

Müssen Sie unerwartet einen Termin mit Ihrem Kunden verschieben, entschuldigen Sie sich dafür, erklären Sie, was dazwischengekommen ist, und bieten Sie eine Alternative an:

– Sorry to bother you, but could we postpone our meeting to …? I have to go to Dubai on Wednesday.
– I'm sorry, but I can't make Friday, we have some trouble at … Would Tuesday at … suit you?

Gegebenenfalls sollten Sie auch an eine Wiedergutmachung für die Unannehmlichkeiten denken:

– If you like, we could go for lunch to Zeche Zollverein.
– We'd like to invite you for a ride in our latest car model.

Ü3 Vervollständigen Sie das Telefonat mit den vorgegebenen Bausteinen.

thinking of Tuesday – could have lunch – me, too – would be possible – Good morning – see you Tuesday – be convenient – about 11.00 – that suit you – like to visit

George	Megaplan Engineering, George Foreman.
Ulrika	____________ (1), Mr Foreman, this is Ulrika Janson of High Tech Solutions.
George	Good morning Ms Janson. What can I do for you?
Ulrika	You asked for a demonstration of some of our laptops.
George	Yes, that's right.
Ulrika	Would you ____________ (2) our company some time next week?
George	That would be interesting.
Ulrika	We were ____________ (3). Would ____________ (4)?
George	Tuesday would be fine. What time?
Ulrika	How ____________ (5)? Then we ____________ (6) later.
George	I'm sorry, I have another meeting at eleven. Can we make it the afternoon?
Ulrika	Yes, that ____________ (7). Would 2 pm ____________ (8)?
George	Sure, that would be no problem.
Ulrika	Excellent. ____________ (9) at 2 pm, then.
George	I'm looking forward to it.
Ulrika	____________ (10). Bye.

Per E-Mail

Wenn Sie per E-Mail zu einem Meeting eingeladen werden, sollten Sie in Ihrer Antwort zunächst Bezug auf die Einladung nehmen und klar und eindeutig formulieren, ob Ihnen der Termin passt oder nicht:

- Thank your for your e-mail. First week in October will be fine with me on all days.

Falls Sie den vorgeschlagenen Termin ablehnen, nennen Sie einen Grund dafür und machen Sie nach Möglichkeit einen Alternativvorschlag:

- Thanks for the e-mail. I'm afraid 14.00 isn't convenient for me, as I'll be in another meeting. Could we make it 15.00 instead?
- Thanks for the invitation, but I'm afraid I won't be in on Friday. However, my colleague Lee will stand in for me.

Ü4 Vervollständigen Sie die E-Mail mit den angegebenen Verben, um zu einem Meeting einzuladen.

book – break – continue – discuss – finalise – reply – schedule – suggest – suit

Dear All

We need to __________ (1) the expansion of our sales team. I would also like to ______________ (2) the product launch for Eastern Europe. Could we ____________ (3) a meeting for Wednesday, April 25, at our head office in Zurich?
I ____________ (4) we ___________ (5) the whole morning from 9 till 12.00, _________ (6) for lunch and ________ (7) at 2 pm, if necessary.
Please __________ (8) by the end of the week whether this would ________ (9) you.

Rgds

1.4 Die Ausrüstung

What you need

Glückwunsch – Sie haben es geschafft, Ihre Teilnehmer zusammenzutrommeln und auch schon einen Besprechungsraum reserviert. Nun bleibt noch die technische Ausrüstung zu organisieren, die Ihre Teilnehmer oder Sie für Vorträge, Präsentationen oder Ähnliches benötigen.

Ü5 Ordnen Sie die englischen Begriffe ihren deutschen Entsprechungen zu.

1.	overhead projector	a	Leinwand
2.	data projector	b	Lautsprecher
3.	flip chart	c	Flachbildschirm
4.	white board	d	DVD-Spieler
5.	slide	e	Pinnwand
6.	flat-screen TV	f	Zeiger
7.	pin board	g	Beamer
8.	pointer	h	Tageslichtprojektor
9.	DVD player	i	Folie
10.	wall screen	j	Wandtafel
11.	loudspeaker	k	Flipchart

Da kaum etwas die Tagesordnung so durcheinanderwirbeln kann wie technische Probleme, sollten Sie die Ausrüstung rechtzeitig organisieren und überprüfen.

Fragen Sie deshalb bei Ihren Teilnehmern an, mit welchen Laptops sie arbeiten und stellen Sie die nötigen Anschlüsse sicher.

Denken Sie bei internationalen Meetings daran, dass in anderen Ländern unterschiedliche Steckanschlüsse (z.B. in Großbritannien), Videosysteme (z.B. Japan) oder Voltzahlen (z.B. in den USA) gelten. Bitten Sie deshalb frühzeitig um entsprechende Informationen:

- Please let me know which technical requirements you will have ...
- Please inform me about technical details ...

Zur Ausrüstung im weiteren Sinne gehören auch Unterlagen und Material, z.B. Informationsbroschüren über Ihr Unternehmen. Stellen Sie vorab fest, welche Unterlagen es auf Englisch gibt. Sollten diese nicht zur Verfügung stehen, verweisen Sie auf die englische Version der Unternehmenswebsite.

Action point: Picture this!

Wenn Sie eine Audiokonferenz vorbereiten, können Sie diese interessanter gestalten, indem Sie *web-based tools* benutzen, also Software wie z.B. Microsoft Live Meeting oder Apple iChat AV, die Ihnen und den Teilnehmern einen gemeinsamen Zugriff auf Präsentationen, Aufzeichnungen, Grafiken und Ähnliches erlaubt. Dadurch wird die Konferenz optisch aufgepeppt, und den Teilnehmern fällt es leichter, sich zu beteiligen, da sie sehen, worum es geht.

Sofern Sie bei einem Meeting Verpflegung einplanen, müssen Sie unterschiedliche Gewohnheiten berücksichtigen (z.B. Lebensmittelunverträglichkeiten) und dazu im Vorfeld Informationen einholen, z.B.:

- There will be refreshments and sandwiches available. Please let me know of any special requirements.

Bei der Bewirtung heißt es: andere Länder, andere Sitten. Schinken- oder Mettbrötchen sind z.B. für Vegetarier und

Muslime nicht angebracht! Berücksichtigen Sie dies auch, falls bei längeren oder formellen Besprechungen ein Mittagessen geplant ist. Gibt es keine englische Speisekarte, überprüfen Sie das deutschsprachige Menü und schlagen Sie die Hauptzutaten im Wörterbuch nach, um Sie den Geschäftspartnern erläutern zu können.

1.5 Die Tagesordnung

What's up?

Eine Tagesordnung, auf Englisch *agenda* genannt, ist prinzipiell für alle Meetings sinnvoll, da sie eine Struktur festlegt und den Teilnehmern die Vorbereitung ermöglicht.

> Daher sollte die Tagesordnung den Teilnehmern vor dem Meeting zugestellt werden – beispielsweise per Fax oder E-Mail.

Ganz gleich, ob Sie ein internes Meeting oder einen Kundenbesuch planen: Wenn Sie sich für eine E-Mail entscheiden, sollten Sie darin Ort, Zeit und Teilnehmer des Meetings sowie weitere vereinbarte Details nennen (*follow-up e-mail*). Die *agenda* kann dann entweder (falls sie kurz genug ist) in die E-Mail eingebunden oder (ab einer gewissen Länge) als *attachment* angehängt werden.
Je nach Art des Meetings gestaltet sich die Tagesordnung unterschiedlich: Für den Kundenbesuch sind in der Regel nur die Eckdaten vonnöten, bei einem informellen Brainstorming beschränkt man sich häufig ebenfalls auf einen groben Rahmen, der wie folgt aussehen könnte:

Meeting on new marketing strategy – agenda

June 14, 10.30, room Brazil

- Update by marketing manager (Lee)
- Brainstorming session new accounts (all)
- Key account managing (Maria)

Es empfiehlt sich, im Vorfeld die für die einzelnen Punkte verantwortlichen Mitarbeiter festzulegen. Auch hier hängt der Präzisionsgrad von der Art des geplanten Meetings ab:

- Bei Meetings, die als Gruppendiskussion geplant sind, gibt man für gewöhnlich einfach *all* an.
- Bei Meetings, in denen Präsentationen vorgesehen sind und in denen man einen regen Diskussionsbedarf erwarten kann (also etwa in *budget meetings* oder in Meetings zum Projektstatus), sollte die Tagesordnung hingegen schon präziser formuliert und unter Umständen auch mit einem Zeitplan versehen werden. Nur so kann man allen Punkten gerecht werden.

Eine förmlich gestaltete Tagesordnung kann so aussehen:

Agenda for budget meeting

October 21, 08.30–10.30, room Chile

1. Welcome/Apologies
2. Minutes of last meeting
3. Presentation of financial situation (CFO) – 20 min.
4. Budget presentations (heads) – 10 min. each
5. Proposals – 30 min.
6. AOB

AOB steht dabei für *„any other business"*, also Sonstiges. Dies bietet Platz für unerwartete Punkte bzw. Themen, die nicht zu einem der aufgeführten Kernbereiche gehören. Sie können in Ihrer *follow-up e-mail,* in der Sie über die Tagesordnung informieren, Teilnehmer auffordern, hierzu Einträge zu machen:

– If there's anything else you would like to see on the agenda, please list it under AOB.
– Any items that you miss should be entered under AOB.

So beugen Sie unangenehmen Überraschungen zu Beginn eines Meetings vor.

Nutzen Sie die *follow-up e-mail* auch, um offene Fragen anzusprechen:

- Give me a call if you have any questions before the meeting.
- Should you have any questions in advance of our meeting, don't hesitate to contact me.

Ü6 Formulieren Sie nun eine *follow-up e-mail* mithilfe der vorgegebenen Notizen.

To do:
- e-mail George Foreman, confirm meeting
- arrange company tour
- talk about new service package for laptops
- Friday, 12 September, 2.00 pm
- at our head office in Hamburg

Dear Mr Foreman,

____

____

____

____

____

____

____

____

____

Kind regards,
Ulrika Janson
Key Account Manager

1.6 Vokabeln und Redewendungen auf einen Blick

Ausrüstung

data projector	Beamer *(für Laptop)*
DVD player	DVD-Spieler
flat-screen TV	Flachbildschirm *(TV)*
flip chart	Flipchart
lectern	Stehpult
marker pen	Marker
microphone	Mikrofon
overhead projector	Tageslichtprojektor
pin board	Pinnwand
pointer	Zeiger
slide	Folie *(PC)*
transparency	Folie *(Overheadprojektor)*
video recorder	Videorekorder
wall screen	Leinwand
white board	Wandtafel

Audiokonferenzen

to **announce**	ankündigen
button	Taste
conference call	Telefonkonferenz
conference code	Kennnummer der Konferenz
cordless phone	schnurloses Telefon
dial-in number	Einwahlnummer
to **enter (a code, number)**	Code/Nummer eingeben
etiquette	Verhaltensregeln
to **fix a time**	eine Zeit festlegen
freephone	kostenlose Rufnummer
hash button	Rautetaste
international number	internationale Rufnummer
local number	Einwahlnummer vor Ort
loudspeaker	Lautsprecher
mute button	Stummtaste
phone meeting	Telefonkonferenz
speakerphone	Freisprecheinrichtung

Zeitzonen (Auswahl)

- CET (Central European Time)
- WET (Western European Time)
- EET (Eastern European Time)
- GMT (Greenwich Mean Time)
- AST (Atlantic Standard Time, US)
- PST (Pacific Standard Time, US)
- CCT (China Coast Time, Asia)
- JST (Japan Standard Time)
- ACST (Australia Central Standard Time)

Die Sommerzeit kann durch Einfügen eines „D“ für „daylight saving“ mitgeteilt werden, also CEDT oder ASDT.

Einladungen

- I think we should hold a meeting on …
- I'd like to hold a meeting in the first week of … at our headquarters in …
- Could we schedule a meeting as soon as possible?
- Can we meet and go over this together?
- I'd like to invite you over …
- A light lunch will be prepared. Please let me know of any dietary needs you might have.
- Please remember that electronic equipment operates on 220 V.
- Please tell me the system requirements.

Zeit und Ort

- Could we schedule a time to meet next week?
- How about Monday at nine?
- Would Friday be convenient for you?
- How about sometime after lunch?
- Could we meet next week on …?
- I suggest two-thirty on Thursday afternoon.
- Would half past three suit you?

Ablehnen

- Sorry, I can't make it. Can we fix a time for … instead?
- I'm afraid I have another appointment then.
- I'm tied up then. How about …?
- Sorry, I won't be in on that day. Why don't we …?
- I'm afraid I won't be able to make it.

Annehmen

- I could come over to your head office to …
- Sounds good.
- Yes, that would be no problem.
- Thursday is OK for me.
- That would be fine. Wednesday would be excellent.
- Yes, that works for me, too.

Bestätigen

- See you on Monday at nine.
- I look forward to seeing you all on Thursday.
- Till next week then.
- OK, so that's Friday at ten.

Verschieben

- Sorry, but I have to postpone / put off our meeting.
- Sorry, something has come up and I have to cancel our meeting. Can we meet … instead?
- I'm afraid tomorrow's meeting has to be postponed.

2 Bevor es losgeht

In Deutschland ist es üblich, dass eine Besprechung pünktlich zum vereinbarten Zeitpunkt mit dem Verlesen der Tagesordnung beginnt. In internationalen Meetings ist das häufig anders.
Gerade im angloamerikanischen Raum beginnt das offizielle Meeting meist etwas später als angegeben. Das eigentliche Meeting fängt jedoch schon früher an – und zwar mit dem ersten Sichbekanntmachen, dem gegenseitigen „Beschnuppern" der Teilnehmer im Small Talk. Die Anzahl an Fettnäpfchen, in die man während dieses inoffiziellen Teils treten kann, ist nicht unerheblich, sie lässt sich aber durch einige grundlegende Überlegungen verringern.

2.1 Die eigene Kultur reflektieren

Knowing me, knowing you

Nehmen Sie an Meetings auf Englisch teil, tun Sie dies folgerichtig mit Menschen aus anderen Kulturkreisen. Die Bereitschaft zum sprachlichen Kompromiss geht im deutschsprachigen Raum dabei sehr weit: Ist nur ein Teilnehmer anwesend, der kein Deutsch spricht, wird das Meeting auf Englisch abgehalten.
Bei internationalen Meetings sind neben der sprachlichen Kompetenz auch kulturelle Besonderheiten zu beachten.

> Nicht nur, was gesagt wird, sondern auch, wie etwas gesagt wird, bestimmt gerade zu Anfang die Beziehung zwischen Ihnen und Ihrem Geschäftspartner oder zwischen den einzelnen Projektmitarbeitern.

Interkulturelle Missverständnisse rühren selten daher, dass man die andere Kultur zu wenig kennt, sondern daher, dass man die eigene Kultur als zu selbstverständlich ansieht und fäschlicherweise als Norm begreift: „*Years of study have con-*

vinced me that the real job is not to understand foreign culture but to understand our own." (Edward T. Hall) Oder, anders ausgedrückt: „*Every culture is full of mysteries – especially to those who are part of it.*" (LTS Training & Consulting)

Lernen Sie zunächst Ihre eigene Kultur besser kennen und werden Sie sich darüber klar, was anderen Kulturen daran angenehm oder unangenehm auffallen könnte.

Denken Sie z.B. an Vorurteile, die Deutschen entgegengebracht werden: Deutsche gelten gemeinhin als pünktlich, effizient, gewissenhaft, streng, humorlos, direkt …

Ü1 Auf welche Besonderheiten würden Sie verweisen, wenn Sie die deutsche Meetingkultur beschreiben sollten?

		Yes	*No*
1. Greeting:	a handshake?	☐	☐
	b bow?	☐	☐
2. Addressing:	a full name?	☐	☐
	b last name?	☐	☐
	c title?	☐	☐
3. Timekeeping:	a punctuality?	☐	☐
	b flexibility?	☐	☐
	c sticking to agenda?	☐	☐
	d closing on time?	☐	☐
4. Negotiating:	a deadlines?	☐	☐
	b quality?	☐	☐
	c price?	☐	☐
	d result focused?	☐	☐
	e respecting others?	☐	☐
	f confrontation?	☐	☐
	g consensus?	☐	☐
	h debate?	☐	☐

5. Chairing:	a hierarchical?	☐	☐
	b egalitarian?	☐	☐
	c collective?	☐	☐
	d individual?	☐	☐
6. Socialising:	a gift giving?	☐	☐
	b eating?	☐	☐
	c humour?	☐	☐
7. Conversation topics:	a religion?	☐	☐
	b politics?	☐	☐
	c salaries?	☐	☐

Für Verwunderung im Ausland sorgt häufig das deutsche Händeschütteln – nicht das beim ersten Kennenlernen, sondern das vor und nach jeder Begegnung.
Die deutsche Direktheit wird von Kulturen, die eine sehr indirekte und höfliche Art der Kommunikation pflegen, oft als zu direkt und damit als unhöflich empfunden: Wenn Sie von einem Engländer hören: *„The Germans are so rude"*, meint er eigentlich nur, dass sie nach seinem Geschmack zu direkt zur Sache kommen. Angehörige anderer Kulturen, die wie die Deutschen einen eher direkten Stil pflegen, z.B. US-Amerikaner, haben damit weniger Probleme. Die Liste aus Übung 1 wird Ihnen auch dabei helfen, solche Gemeinsamkeiten auszumachen.
Die berühmten Vorurteile, die es gegenüber „den Deutschen" gibt, wie etwa den angeblich mangelnden Sinn für Humor, können Sie zu Ihrem Vorteil nutzen, indem Sie spielerisch darauf Bezug nehmen. Damit erreichen Sie eine aufgelockerte Atmosphäre und können Vorurteile umdrehen:

– We have to start on time – that's what everyone expects from us.

Denken Sie daran:

Fehler in einer Fremdsprache werden verziehen, kulturelle Arroganz nicht.

Action point: Digging your scene

Informieren Sie sich über andere Kulturen – auch dadurch lernen Sie einiges über die eigene Kultur:

- Hilfen dazu bieten Websites wie www.worldexecutive.com. Das ist die Internetseite einer Hotelkette, auf der Sie unter den einzelnen Ortsnamen Business-Tipps zu Dresscode, Begrüßung usw. finden. Die Infos zu Land oder Stadt lassen sich auch praktisch als Themen im Small Talk verwerten.
- Ein weiterer nützlicher Link ist www.dialogin.com. Diese Website bietet eine Vielzahl an Artikeln und Forumsbeiträgen zu unterschiedlichen kulturellen Aspekten.

2.2 Sich vorstellen

If you don't know me by now

Bevor das Meeting beginnt, trifft man in der Regel schon auf andere, eventuell noch unbekannte Teilnehmer, denen man sich vorstellen sollte. Später, zu Beginn des Meetings, stellt sich häufig jeder kurz in der Runde selbst vor.

Vorstellung im Zweiergespräch

Der erste Eindruck prägt die weitere Zusammenarbeit. Daher ist es wichtig, sich richtig vorzustellen. Das fängt beim Namen an. Stellen Sie sich nach der Begrüßung mit Ihrem ganzen Namen vor, nicht nur mit dem Nachnamen:

- Good morning, I'm Claudia Auermann.
- Good afternoon, my name is Vincent Gauguin.

Wenn Sie es weniger förmlich mögen:

- Hello/Hi, I'm Claudia, Claudia Auermann.

Da man in der angloamerikanischen Welt häufig rasch zum Vornamen übergeht, ist die Aufsplittung („*Claudia, Claudia Auermann*") eine gute Möglichkeit zu verdeutlichen, welches Ihr Vorname ist. Denn wenn Ihr Gegenüber aus einem fremden Kulturkreis stammt, kann er nicht unbedingt erkennen, welches Ihr Vor- und welches Ihr Nachname ist. Alternativ können Sie das auch in Ihrer Erwiderung einer Begrüßung verdeutlichen:

- Pleased to meet you. I'm Vincent Gauguin. Please call me Vincent.

Als Antwort darauf können Sie den ersten Teil aufgreifen und den Namen wiederholen:

- Pleased to meet you too, Vincent. Please call me Claudia.

„*Pleased to meet you*" wird nur bei der ersten Begrüßung verwendet: „*meet*" bedeutet hier „*kennen lernen*".

Bei weiteren Begegnungen wird diese Floskel ersetzt durch:

- Good/Nice to see you again.

An diese Formulierung sollte man dann die Frage nach dem Befinden des Gegenübers anhängen:

- How are you?
- How are things?

Werden Sie nach Ihrem Befinden gefragt, antworten Sie kurz und erwidern dann die Frage:

- Fine, thanks. And you?
- Quite well, thanks. What about you?

Trotz aller Knigge-Vorschriften ist, wie wir gerade gesehen haben, nicht immer klar, wem es gebührt, zuerst den Vornamen zu benutzen. Das hängt mittlerweile weniger vom Geschlecht ab als vom Rang, Alter und dem Verhältnis zueinander. Auf diese Feinheiten sollten Sie auch achten, wenn Sie zwei Leute einander vorstellen:

- Mr Foreman, I'd like you to meet Mr O'Keeffe, our Marketing Manager.
- Maria, have you met Vincent Gauguin from our office in Paris?

Zur ersten Vorstellung gehören auch einige Fakten über die eigene Person. Bedenken Sie dabei, dass das nicht zu einem Monolog ausarten und die andere Seite langweilen darf. Sie sollten dieses Gespräch eher wie ein Tennismatch handhaben und sich mit Ihrem Gegenüber die Bälle zuspielen. Die beiden wichtigsten Wörter dabei sind: „*And you?*"

- I work for High Tech Solutions. And you?
- I am an IT-engineer. And you?
- I live in Acapulco. And you?

Vorstellungsrunde

Ist beim Meeting eine Vorstellungsrunde gewünscht, stellt sich die Frage: Wie präsentiere ich mich auf interessante Art? Informationen über Ihr Privatleben sind im beruflichen Umfeld nicht angebracht, also vermeiden Sie bitte Klassiker wie: „*I'm 42 years old, I'm married and I have two children!*" Überlegen Sie, welche Informationen für den Anlass des Meetings und für die anderen Teilnehmer wichtig sind. Dazu gehören wahrscheinlich folgende Aspekte:

1. Ihr Name,
2. Ihre Funktion,
3. Ihr beruflicher Hintergrund,
4. ein interessantes Detail zu Ihrer Person und
5. Ihre Erwartungen an das Meeting.

Stellen Sie Ihr Licht nicht unter den Scheffel durch Formulierungen wie „*I don't know what to say*" oder „*There isn't much to tell*". Man könnte sich fragen, warum Sie dann da sind. Eine gelungene Selbstvorstellung kann so aussehen (die Zahlen nehmen Bezug auf die genannten Aspekte):

- I'm here because I'm the IT-Manager for our business in Western Europe ❷. My name is Vincent Gauguin ❶, just think of the painters ❹. I specialise in web applications, ❸ and we have developed some interesting tools which could be useful for other businesses, too. I'm looking forward to sharing them with you ❺.

Die hier beschriebene Vorbereitung auf eine Kurzvorstellung der eigenen Person funktioniert selbstverständlich auch im Gespräch. Lassen Sie jedoch, wie oben beschrieben, zwischen den einzelnen Informationen stets Platz für Fragen und schlagen Sie den Ball übers Netz zurück. Variieren Sie dabei „*And you?*" durch:

- How about you?
- What do you do?
- Why are you here?

Ü2 Verbinden Sie die Sätze mit den jeweils passenden Antworten.

1. Hi, I'm Roy Kumar.	a I'm from Delhi, India.
2. How are you?	b I don't think we've met.
3. What do you do?	c It's good to see you, too.
4. Where are you from?	d How do you do?
5. Pleased to meet you.	e I'm an IT-specialist.
6. How do you do?	f Fine, thanks. And you?
7. It's nice to see you again.	g Hello, I'm John O'Keeffe.
8. Do you know Maria del Rio?	h Pleased to meet you, too.

Ü3 Setzen Sie das passende Wort ein.

Do – meet – see – Fine – Pleased – too – introduce – How – Let – fine – know – too – do you

1. Nice to __________ you again. ________ are you?
2. ________, thanks. And you?
3. I'm __________, _______, thank you.
4. ____ you _______ my colleague, John O'Keeffe?
5. Hello, I'm George Foreman. ___________ to meet you.
6. Pleased to ________ you, ________ .
7. ________ me ___________ my colleague, Roy Kumar.
8. How_______________ do?

2.3 Small Talk

The chemistry between us

„*There is nothing small about small talk.*" Diese Weisheit sollte man sich besonders zu Herzen nehmen, wenn man einer Kultur angehört, in der Small Talk nicht großgeschrieben wird. Small Talk, also die Unterhaltung über Dinge, die eigentlich nicht zum Meeting gehören, hat wichtige Funktionen.

Small-Talk-Funktionen

- Small Talk dient einem ersten Abtasten: Mit wem haben Sie es zu tun? Small Talk, der ja nicht nur vor dem Meeting, sondern auch in den Pausen stattfindet, hilft Ihnen, festzustellen, welche Teilnehmer des Meetings die gleiche Wellenlänge wie Sie haben. Wenn Sie gleiche Interessen wie Ihr Geschäftspartner haben, dann schafft das eine positive Grundstimmung für die spätere Verhandlung und baut eine Vertrauensbasis auf. Mit Projektmitarbeitern, die ähnlich denken wie Sie, lässt sich nicht nur leichter zusammenarbeiten – sie können auch wichtige Partner im Meeting bei Entscheidungen werden.

- Sie können mithilfe von Small Talk feststellen, ob Sie die anderen Teilnehmer verstehen – und ob Sie verstanden werden, was das sprachliche Niveau im Englischen angeht (Akzent, Ausdrucksweise usw.).
- Gleichzeitig sprechen Sie dank Small Talk ein paar Sätze Englisch, bevor es eigentlich zur Sache geht, und Sie stellen entspannt fest: Sie können auf Englisch kommunizieren. Das gibt Sicherheit für das Meeting.

Action point: I need to know

Auch bei Teilnehmern, mit denen Sie nicht sofort einen Rapport herstellen können, lohnt sich der Small Talk. Beispielsweise hilft er einem Moderator, sich ein Bild von den Teilnehmern zu machen und so „schwierige Kandidaten" zu erkennen: Menschen, die einsilbig antworten, leisten selten rege Wortbeiträge im Meeting, Plaudertaschen hingegen neigen dazu, ein Meeting zu dominieren, und müssen später gebremst werden.

Getting it across: A little bit of this and a little bit of that

Als Faustregel für Small-Talk-Themen gilt: *The journey, the weather in your country, the weather in your guest's country.*

Wenn auch etwas übertrieben, so illustriert dies doch deutlich, worum es beim Small Talk geht: unverfängliche Themen, zu denen jeder etwas beitragen kann.

Inhaltlich variiert das zwar von Kultur zu Kultur, doch die folgenden Themen haben sich bewährt:

- Wetter,
- Aufenthalt,
- Heimatort oder -land,
- Job bzw. Firma,
- zu einem späteren Zeitpunkt auch Hobbys und Freizeitaktivitäten.

Zu vermeiden sind kritische Themen (die man auch im eigenen Land mit fremden Menschen nicht anschneiden würde) wie

- Religion,
- Politik,
- Geld,
- Privatleben oder Gesundheit,
- kritische Kommentare zum Unternehmen oder zur aktuellen Lage.

Manche Themen sind je nach Situation geeignet oder ungeeignet: Sport gilt zwar als geeignet, stößt aber nicht zwangsläufig auf Interesse. Fußballdiskussionen zwischen Engländern und Deutschen etwa sind mit Vorsicht zu genießen, und Kricket habe ich persönlich noch nie verstanden. Familie ist ein ähnliches Problemfeld.

Warten Sie zunächst ab, welche Themen Ihr Gegenüber anschneidet.

Statt direkte Fragen zu stellen, können Sie etwas über sich erzählen und die Reaktion abwarten, z.B.

- I play tennis every week.
- My daughter is at university in Berlin.

Reagiert Ihr Gesprächspartner darauf mit „*Me, too*" oder einer Rückfrage, können Sie das Thema vertiefen.

Ü4 Setzen Sie die Satzteile so zusammen, dass sinnvolle Small-Talk-Fragen entstehen.

1. Which hotel	a did you fly into?
2. How long	b are you staying at?
3. Which airport	c the first time you've come here for a meeting?
4. Did you	d does it get here in winter?
5. Is this	e are you in?
6. Are you	f have you worked for your company?
7. How cold	g come here by plane?
8. Which department	h a colleague of Jim Ronson's?

Ü5 Welche der folgenden Antworten passt zu welcher Frage oben?

A Not very cold, this is a mild climate.

B Not really. He's in marketing and I'm in customer service.

C No, we came by car.

D I work in controlling.

E Almost fourteen years.

F No, it's not. I was here in June for the kick-off meeting.

G The Carlton International, off Shaftesbury Avenue.

H London Stansted.

Dialog statt Monolog

Genau wie bei der Vorstellung gilt auch beim Small Talk: Dialog statt Monolog! Reden Sie nicht nur über sich und stellen Sie keine aufdringlichen Fragen. Die Kunst des Small Talks besteht darin, die Balance zwischen interessierten Fragen und interessanten Details zur eigenen Person zu halten.

Sehen Sie sich den folgenden Dialog an. Was läuft falsch?

A: So, you've just moved to Zurich?

B: Yes.

A: And are you getting along?

B: Getting along?

A: I mean, is everything OK?

B: Yes, fine.

A: Have you found somewhere to live?

B: I'm in a hotel.

A: Oh, well ...

Antwort: *A stellt nur geschlossene Fragen, also solche, auf die man mit Ja oder Nein antworten kann. Solche Fragen lassen sich nicht immer vermeiden, signalisieren aber in ihrer Häufung eher Desinteresse.*
B gibt einsilbige Antworten, signalisiert damit gleichfalls Desinteresse und hat Verständnisschwierigkeiten.

Verwenden Sie daher im Small Talk nach Möglichkeit **offene Fragen.**

Das sind Fragen, die mit den Fragewörtern *where, how, what* und *when* beginnen. *Why*-Fragen sind weniger geeignet, da diese häufig in den Tabubereich des Privaten vordringen („*Why did you do that?*").

Ü6 Schreiben Sie die obige Konversation mithilfe offener Fragen um.

A: So, you've just moved to Zurich?

B: Yes, that's right.

A: ❶ ______________________________?

B: It's quite nice, actually. I like the lake and the hills.

A: ❷ ______________________________?

B: At a hotel overlooking the river.

A: ❸ ______________________________?

B: It's good, but I'm looking for a flat to rent.

Follow-up questions

Wenn Sie Übung 6 gemacht haben, werden Sie erkannt haben, wie sinnvoll so genannte *follow-up questions* sind. Das sind offene Fragen, die sich auf den vorangegangenen Redebeitrag des Gesprächspartners beziehen. Sie erfüllen gleich einen doppelten Nutzen:

- Mit ihrer Hilfe können Sie Gesprächsthemen vertiefen und
- Sie demonstrieren damit, dass Sie aufmerksam zuhören und sich für Ihr Gegenüber interessieren.

Werden Sie mit Ihren Fragen im Small Talk jedoch nicht zu persönlich. Wenn man Ihnen eine Frage stellt, die Ihnen unangenehm ist, haben Sie – genauso wie Ihr Gegenüber – stets das Recht, nicht zu antworten:

– I'm sorry, but that's a very personal question.
– I'm sorry, but that's a question I don't want to answer.

Adjektive

Ein guter Wortschatz an Adjektiven hilft zusätzlich, Small Talk lebhafter zu gestalten. Eigene Anmerkungen Ihrerseits verstärken dies noch, wie die folgende Übung zeigt.

Ü7 Vervollständigen Sie die Gespräche mit den passenden Adjektivpaaren.

fantastic/famous – crowded/mild – trendy/excellent – inexpensive/central

1. A: I heard you went to Paris last month. Where did you stay?
   B: At a small hotel on the Ile de Seine. It was quite ________________ for that ________________ location.
   A: Ah yes, it is very romantic, too. And what about the sights?

2. B: We did a ________________ boat trip on the Seine in the evening. All the ________________ buildings.
   A: That must have been great. We want do this next year.

3. B: If you go to Paris, you should check out Rue de Lappe. It is full of ________________ bars and ________________ restaurants.
   A: Right. I'll remember that. We're planning to go in October.

4. B: Oh good, the city won't be so ________________ and the weather will be ________________.

2.4 Vokabeln und Redewendungen auf einen Blick

Sich vorstellen

- Hello, my name is …
- Good morning/afternoon, I'm …
- Hi, I'm …
- Please call me …
- Pleased to meet you (too).
- Nice to meet you (too).
- How do you do?
- I work for … *(company)*
- I work at … *(location)*
- I work as … *(job)*
- I work in … *(department)*
- I'm a(n) … *(job)*
- I'm in … *(business, department)*

Andere vorstellen

- Have you met …?
- Let me introduce you to …
- I'd like to introduce …
- Do you know …?
- This is my colleague …
- No, I don't think we've met before.
- Yes, we met last year at the fair.

Wiedersehen

- It's nice to see you again.
- Good to see you (too).
- How are you?
- How are things?
- How's business?
- Fine thanks, and you?
- Quite good, and at your end?
- Not too bad. How about you?

Small Talk

- Have you been here / to London before?
- Is this your first time at headquarters?
- I like listening to jazz. What about you?
- I play tennis. Are you into sports?
- Berlin? My daughter's at university there.

Offene Fragen

- Which hotel are you staying at?
- How did you get here?
- How was your journey?
- How was the weather?
- How was your holiday?
- What's your hometown like?
- What's the national sport in your country?

Positiv reagieren

- Really? Me too.
- Ah yes, that sounds good.
- Sounds great.
- That must have been fun.

Bedauern

- What a shame.
- I'm sorry to hear that.
- That sounds awful.

Nicht antworten

- I'd rather not answer that question.
- I'm afraid that's a personal question.
- I'm sorry, but that's too personal.

3 Ein Meeting leiten

Wenn Sie selbst ein Meeting einberufen, müssen Sie sich neben der formalen Organisation auch um eine gelungene kommunikative Durchführung kümmern: Ein guter Besprechungsleiter – im Englischen *chairperson* genannt – sollte sich darum bemühen, …

- alle Beteiligten in die Diskussion einzubeziehen,
- eventuell auftretende Konflikte zu lösen und
- das Meeting inhaltlich voranzubringen.

3.1 Zur Sache kommen

Let's get down to business

Ein Meeting kostet alle Beteiligten Zeit – das gilt selbstverständlich auch für Sie als Besprechungsleiter. Da Zeit bekanntermaßen ein kostbares Gut und oftmals knapp ist, sollte man sich um eine effiziente Durchführung des Meetings bemühen. Zunächst müssen Sie vom Small Talk zum eigentlichen Thema kommen.

Im Team-Meeting

Bei dem Meeting eines Projektteams kann dieser Übergang zügig vonstattengehen:

- OK, everybody, we seem to be complete. Can we get started?
- Right, thank you all for coming. I think it's time to start.

Haben alle Teilnehmer Platz genommen, handeln Sie die Formalitäten ab, bevor Sie zur Sache kommen:

- Firstly, I'd like to apologise for Tim for being absent.
- Has everybody got a copy of the agenda?

Action point: Forever delayed

Falls die Teilnehmer zu Beginn der Besprechung Themen ansprechen, die nicht auf der Tagesordnung stehen, dann verweisen Sie auf den Tagesordnungspunkt *„any other business"* und parken Sie die Themen dort:

- Ok, I think we should discuss this later under AOB …
- This issue should be discussed before we close the meeting …

Sind die vorgebrachten Themen relevant, sollten Sie dafür Sorge tragen, dass sie später tatsächlich zur Sprache kommen. Manchmal kommt es jedoch auch vor, dass Teilnehmer irrelevante Dinge ansprechen, etwa um sich zu profilieren. Derartige Themen kann man auf diese Weise elegant unter den Tisch fallen lassen.

Der Zweck der Zusammenkunft wird zwar schon in der Einladung und der Tagesordnung deutlich; trotzdem muss er zu Beginn des Meetings explizit genannt werden: Handelt es sich um eine Informationsveranstaltung? Müssen Probleme gelöst oder Entscheidungen getroffen werden?

- We're here to inform about …
- We need to take a decision on …
- We have to resolve the issue of …

Zu Beginn des Meetings sollten Sie außerdem kurz den Ablauf und Zeitplan erläutern:

- We've scheduled one and a half hours for the meeting.
- We'll begin by looking at …, then we'll discuss …
- We'll finish at 11.30.

Falls es Referenten gibt, sollten Sie sie jetzt vorstellen und ankündigen, wann sie ihre Vorträge halten werden:

- Now let me introduce Jack Larson. He'll give a presentation about …
- Does everyone know Maria del Rio? She's from our … and will inform us about …

Vergessen Sie ferner nicht, einen Protokollführer zu benennen. Protokoll heißt im Englischen *minutes*:

- Vincent, would you mind taking the minutes today?
- Lee, can I ask you to take the minutes?

Im Kunden-Meeting

Das Kunden-Meeting wird anders ablaufen: Der Übergang vom Small Talk zum Business ist fließender. Oft ist es sinnvoll, mit einer Unternehmenspräsentation zu beginnen. Formulieren Sie den Themenwechsel dabei als Vorschlag:

- OK, if you like, we can start now.
- Right, how about making a start now?

Erläutern Sie dann das weitere Vorgehen:

- I'd like to begin with a short presentation of our company. This way you'll get an overview of what we do. This should take about fifteen minutes. Feel free to interrupt with any questions you might have.

Halten Sie die Präsentation Ihres Unternehmens kurz und orientieren Sie sich an den Eckdaten.

Was für Ihren Kunden von Interesse ist, wird er durch Nachfragen verdeutlichen. Eine solche Kurzpräsentation kann auch einer Unternehmensführung vorausgehen oder von einem Video begleitet werden.

Zu Beginn eines Meetings ist es Ihre Aufgabe als *chairperson*, die Spielregeln festzulegen. Bereiten Sie dazu eine Checkliste vor, die Ihnen hilft, die Kernpunkte zu beachten.

Ü1 Die Punkte auf dieser Checkliste sind durcheinandergeraten. Verbinden Sie die Anweisungen links mit den richtigen Aufgaben.

1.	Welcome	a	the minutes are taken
2.	Introduce	b	for absent people
3.	Apologise	c	the basic rules
4.	Present	d	presenters
5.	Name	e	the agenda
6.	Allocate	f	the objectives
7.	Make sure	g	the timing
8.	Explain	h	participants
9.	Set	i	first item
10.	Go to	j	roles

Ü2 Ordnen Sie die Sätze den Punkten aus Ü1 zu.

A We need to discuss …

B OK, let's now go to the first item.

C Does everyone know Lee Wong?

D Tim sends his apologies. He's in India.

E Thank you all for coming.

F Vincent, thanks for taking the minutes.

G Claudia, could you chair the brainstorming?

H The meeting will take about one hour.

I The main issues on the agenda are …

J Could we all remember to speak clearly?

3.2 Moderation

Everybody's talking

Die Aufgabe des Besprechungsleiters und Moderators besteht darin, den ordnungsgemäßen Ablauf des Meetings sicherzustellen. Das bedeutet, dass er den Teilnehmern in den einzelnen Phasen der Besprechung die nötige Orientierung und Struktur bietet. Der Moderator muss …

- der Zusammenkunft einen Rahmen geben,
- bei der Diskussion für Struktur sorgen (Wort erteilen),
- zu gegebener Zeit zum nächsten Tagesordnungspunkt überleiten und
- auf die Einhaltung der vorgesehenen Zeit sowie der Spielregeln achten.

Stil der Moderation

Entscheidend für den Stil des Meetings sind zum einen Art und Rahmen der Zusammenkunft und zum anderen der persönliche Stil des Moderators:

- Liegt Ihnen der straffe Stil eines Regisseurs?
- Oder sehen Sie sich als Vermittler, der nur in Notfällen interveniert und einen eher zwanglosen Stil pflegt?

Die Art der Moderation schlägt sich in der Ausdrucksweise nieder:

- Wer zu einem eher lockeren Moderationsstil neigt, verwendet in der Regel umgangssprachliche Begriffe (*informal language*).
- Ein förmlicher Moderationsstil zeichnet sich hingegen durch eine formelle Sprache aus, die vor allem durch die Verwendung von Wörtern lateinischen Ursprungs geprägt ist, die ihren Weg in die englische (und auch die deutsche) Sprache gefunden haben und als hochsprachlich gelten (z.B. *to revise* = revidieren oder *to analyse* = analysieren).

Ü3 Ordnen Sie den formellen Verben auf der linken Seite ihre informellen Entsprechungen zu.

1.	discuss	a	go back over
2.	revise	b	think about
3.	finalise	c	look at
4.	examine	d	talk about
5.	consider	e	finish off

Ü4 Setzen Sie nun die passenden Wörter ein.

about – finishing – about – looking – at – talking – over – going – about

1. Right. This morning we'll be ______________ at ways of cutting our costs and also talking ______________ next year's budget.
2. The annual conference is next week so we'll be ______________ off our final preparations this morning.
3. We need some new ideas about how to increase our sales so we'll be ______________ about a new marketing strategy this afternoon.
4. OK. There have been three accidents in the factory last month. This morning we'll be ______________ back ______________ our health and safety guidelines and thinking ______________ what we can do to improve our safety record.
5. We'll also be looking ______________ the numbers from accounting and talking ______________ ways that we can improve upon them.

Ungeachtet Ihrer persönlichen Vorlieben sollten Sie je nach Anlass der Besprechung den passenden Ton anschlagen:

- Ein förmlicher Moderationsstil (*directive style*) ist sinnvoll bei größeren Gruppen und Audiokonferenzen.
- Ein informeller Stil (*facilitating style*) empfiehlt sich für kleinere Gruppen und Kundengespräche.

Auch die einzelnen Phasen eines Meetings verlangen jeweils ihren eigenen Stil: Zu Beginn eines Meetings, etwa beim Brainstorming, kann es ruhig etwas gelöster zugehen; gegen Ende, wenn es um die Entscheidungsfindung geht, sollten Sie als Moderator eher formell und lenkend agieren.

Die inhaltliche Rolle des Moderators

Als Moderator müssen Sie, abhängig von der Art des Meetings, größere oder kleinere Redebeiträge leisten.
Bei einem Briefing an Ihr Team etwa steht Ihr eigener Vortrag im Mittelpunkt. Sie können ihn dadurch kurz halten, dass Sie im Vorfeld Material und Informationen an die Teilnehmer herausgeben. Das empfiehlt sich insbesondere dann, wenn Sie Zeit für eine Diskussion einplanen und das Team an der Entscheidungsfindung beteiligen möchten. Stellen Sie dies zu Beginn Ihres Vortrags klar:

– I'll summarise what the new budget lines mean I sent around last week. This will take ten minutes. Then I'd appreciate your contributions on where to save money.

Moderieren Sie die Diskussion zurückhaltend.

Sie sollten auch bereit sein, Kritik einzustecken oder unangenehme Fragen zu beantworten:

– That's a fair point.
– OK, point taken.

Anders als bei einem Briefing ist Ihre Rolle als Moderator eines Brainstormings nicht so sehr die eines Redners als vielmehr die eines Wortgebers. Ihre Aufgabe ist es, das Wort zu erteilen und die Teilnehmer dazu zu motivieren, sich einzubringen:

- Please participate actively.
- I'd like your views on this.

Hier sollten Sie Kritik oder Unterbrechungen – auch durch andere Teilnehmer – vermeiden, um die Kreativität und den Ideenfluss der Teilnehmer nicht zu stören:

- Sorry, can we save any comments until we've finished the brainstorming?
- Sorry, Vincent, can you let Lee finish?

Wenn einzelne Teilnehmer zu viel Redezeit für sich in Anspruch nehmen, sollten Sie als Moderator allerdings auch bei einem Brainstorming lenkend eingreifen und für Klärung sorgen:

- Right, your main argument is that ...?
- So, to make sure that we're all with you: ...

3.3 Zeitmanagement

The time is now

Alle Meetings dauern zu lang, und doch hat man nie genug Zeit. Die Wahrheit liegt irgendwo dazwischen, aber dieses Paradoxon zeigt, welche Bedeutung gutes Zeitmanagement hat. Das fängt bei der Erstellung einer realistischen *agenda* an und setzt sich im Meeting selbst fort. Die Grundregel lautet:

> Auch wenn einzelne Teilnehmer sich verspäten sollten: Fangen Sie stets pünktlich an und versuchen Sie, nicht zu überziehen!

Geben Sie zu Beginn bekannt, wie viel Zeit Sie für die einzelnen Tagesordnungspunkte vorgesehen haben:

- I'd like to go through the agenda and spend about fifteen minutes on each issue.
- We'll start with the brainstorming session which should take about twenty minutes.

Halten Sie sich unbedingt an diese selbst gesetzten Zeitvorgaben und unterbrechen Sie die Diskussion, wenn die Zeit abgelaufen ist. Das muss natürlich nicht auf die Sekunde genau geschehen – manche Dinge dürfen auch mal zwei, drei Minuten länger dauern –, aber was nach zwanzig Minuten nicht auf dem Tisch liegt, wird da auch nicht mehr hinkommen.

Haben Sie das Gefühl, dass die Diskussion erschöpft ist oder zu nichts führt, sollten Sie zum nächsten Punkt übergehen – unabhängig davon, wie viel Zeit noch zur Verfügung steht:

- I think that's it so far. Let's go to the next item.
- OK, if no one has anything to add, I'd like to move on to ...

Ihr Zeitmanagement ist auch gefragt, wenn sich die Diskussion in Einzelheiten verliert, die nichts mit dem eigentlichen Diskussionsgegenstand zu tun haben:

- I think we're digressing here. Let's get back on track.
- We need to get back to the main issue.

Es wird ferner vorkommen, dass zu manchen Punkten keine Lösung oder Entscheidung gefunden werden kann. Setzen Sie diese dann für das nächste Meeting an:

- Can we come back to this in our next meeting?

Ü5 Bringen Sie die Sätze in die richtige Reihenfolge.

1. We're / time / pressed / a bit / for / .

___

2. We're / time / out of / running / .

___

3. Let's / to / on / finish / try / time / .

___

4. We / five / by / to / finish / need / .

___

5. Let's / to / time / remember / the / try / .

___

6. Remember, / time / have / much / don't / we / .

___

Ü6 Setzen Sie das richtige Wort ein.

1. I have another meeting _______ 3.00 pm.
   on / at

2. We need to finish _______ five.
   on / by

3. I would like to have a meeting _______ Thursday.
   on / at

4. I will send the minutes _______ Friday.
   until / by

5. We _____________ working on this for two weeks now.
   are / have been

6. We _________________________ the agenda yesterday.
   received / have received

7. We __________________ a tighter budget for next year.
   face / are facing

3.4 Umgang mit Teilnehmern

People make the world go round

Wenn die Teilnehmer erstmalig zusammenkommen und einander noch nicht kennen, ist es die Aufgabe des Moderators, die Teilnehmer miteinander bekannt zu machen. Bei Meetings mit vielen Teilnehmern und bei Audiokonferenzen empfiehlt es sich, eine Vorstellungsrunde zu machen, bei der sich jeder kurz selbst vorstellt. Diese können Sie wie folgt einleiten:

- Would you like to introduce yourself briefly?
- Can we go round the table and introduce ourselves?

Bei kleineren Zusammenkünften können Sie als Besprechungsleiter auch selbst die Anwesenden vorstellen:

- Let me briefly introduce ...
- Let me say a few words about ...

Teilnehmer integrieren und motivieren

Im Lauf der Besprechung sollten Sie als Moderator ein Gleichgewicht zwischen lebhaften und stillen Teilnehmern schaffen: Die Lebhaften dürfen die anderen nicht überfahren, die Stillen sich nicht in ihr Schneckenhaus zurückziehen. Wichtig ist, dass Sie niemanden persönlich angreifen. Um stille Teilnehmer aus der Reserve zu locken, sprechen Sie sie gezielt und mit Namen an:

- What do you think of that, Maria?
- What's your view on this, Lee?

Erwähnen Sie das Expertenwissen und die Stärken der eher stillen Teilnehmer, um ihr Selbstbewusstsein zu stärken:

- Vincent, this is your field. Would you like to add something?

Um Teilnehmer auszubremsen, danken Sie und wechseln das Thema bzw. wenden sich an einen weiteren Teilnehmer:

- Well, thank you, we now come to the issue …
- Thanks for your input, but now I'd like to ask Lee …

Unterbricht ein Teilnehmer einen anderen, greifen Sie ein; sichern Sie dem Unterbrechenden aber zu, dass er zu einem späteren Zeitpunkt zu Wort kommen wird:

- Sorry, Claudia, if you let Lee finish, then we could deal with your question after this.

Im Umgang mit Teilnehmern gilt weiterhin zu beachten, dass positives Feedback eine fruchtbare Diskussion fördert und für eine gesteigerte Motivation sorgt:

- That's a good point.
- Thanks for bringing that up.
- Good idea. We'll consider that.

Action point: Say my name

In Face-to-Face-Meetings hilft die Verwendung von Namen dabei, Teilnehmer aus der Reserve zu locken oder Aufgaben zu verteilen. In Audiokonferenzen, in denen die Teilnehmer einander nicht sehen können, wird die häufige Verwendung von Namen sogar unerlässlich, damit die Teilnehmer wissen, ob sie angesprochen wurden oder nicht. Wenn Sie während einer Diskussion jemanden ansprechen, leiten Sie dies deutlich ein:

- Maria, can I bring in Vincent here?
- Joanna, I need to check this with Lee.

Wenn Sie die gesamte Gruppe ansprechen wollen, helfen Formulierungen wie:

- What do people think of this?
- Anybody want to comment on that?

Herausforderung Fremdsprache

Als Moderator müssen Sie dafür Sorge tragen, dass die Kernpunkte der Diskussion von allen verstanden werden. Dies ist besonders dann eine Herausforderung, wenn die Teilnehmer verschiedene Muttersprachen haben. Um das Verständnis sicherzustellen, können Sie um Wiederholung oder Erläuterung bitten:

- Could you please repeat that?
- What exactly do you mean?

Wenn Sie das Gefühl haben, dass Teilnehmer nicht verstanden werden, haken Sie frühzeitig ein:

- Sorry, Claudia, could you slow down, please?
- Sorry, Lee, could you speak up, please?

Eine sinnvolle Methode ist hierbei auch das Umformulieren mit eigenen Worten:

- So you're point is that ...
- In other words, what you mean is ...

So können Sie das Gesagte noch einmal verständlich zusammenfassen. Gleichzeitig erhalten Sie ein Feedback, ob Sie selbst alles richtig verstanden haben: Ist dies der Fall, können Sie zum nächsten Punkt übergehen; ist dem nicht so, muss der Teilnehmer selbst neu ansetzen.

Zusammenfassungen sollten nicht erst zum Ende des Meetings erfolgen; auch bei einzelnen Punkten helfen sie dabei sicherzustellen, dass hier die Diskussion beendet ist und Einigkeit herrscht. Sie können die wesentlichen Punkte entweder selbst zusammenfassen oder von einem der Teilnehmer zusammenfassen lassen:

- Right, to sum up this item ...
- Lee, could you please summarise ...?

Getting it across: In one tongue

Wenn Sie als Nichtmuttersprachler (*non-native speaker*) an einem englischsprachigen Meeting teilnehmen, treffen Sie dort meist auf andere Teilnehmer, deren Muttersprache ebenfalls nicht Englisch, aber womöglich auch nicht Deutsch ist, sowie auf Muttersprachler (*native speakers*). Das kann die Kommunikation erschweren, denn:

- Abhängig von ihrer Muttersprache und ihren sprachlichen Fähigkeiten sprechen Nichtmuttersprachler oftmals mit einem Akzent, der für andere anfangs schwer verständlich sein kann.
- Auch englische Muttersprachler sind für fremdsprachige Teilnehmer manchmal schwer zu verstehen, wenn sie Slangausdrücke verwenden oder ein hohes Sprechtempo haben.

Als Moderator sollten Sie auf diese Verständnisschwierigkeiten hinweisen.

> Bitten Sie alle Teilnehmer, sich um eine klare, deutliche Sprechweise zu bemühen.

Und wenn diese im Eifer des Gefechts verloren geht: Weisen Sie erneut darauf hin, dass die Verständigung in Gefahr ist.
Viele Nichtmuttersprachler kennen das Problem und werden sich entsprechend bemühen, und die Muttersprachler sind meist dankbar dafür, dass das Meeting in ihrer Sprache abgehalten wird, und tragen daher auch ihrerseits gern zur besseren Verständigung bei.
Bei hartnäckigen Fällen müssen Sie beharrlich bleiben: Dies sollte nicht Ihnen unangenehm sein, sondern den Teilnehmern, die es an sprachlicher Rücksichtnahme fehlen lassen.

3.5 Konfliktlösung

Under pressure

Auch wenn Sie eine gute *chairperson* sind und fest im Sattel sitzen, kann es immer wieder zu Konflikten kommen. In deutschen Besprechungen ist ein heftiges Aneinandergeraten nicht unüblich und scheint auch keine längerfristigen Schäden zu hinterlassen, denn die Kontrahenten gehen anschließend einvernehmlich gemeinsam Mittagessen – ein Verhalten, das britische Kollegen immer wieder erstaunt.

> Das macht deutlich, wie wichtig in einer Fremdsprache und beim Umgang mit Menschen aus anderen Kulturen ein ausgeprägtes Fingerspitzengefühl ist.

Je nach kultureller Prägung werden Äußerungen unterschiedlich aufgefasst: Was für den einen eine direkte Meinungsäußerung ist, wird von anderen womöglich als persönlicher Angriff gewertet. Was ein Teilnehmer für eine diplomatische Formulierung hält, empfindet ein weiterer vielleicht als Schlag in den Nacken.

Um so etwas beim Zusammentreffen mit Menschen aus anderen Kulturen wenigstens grob einschätzen zu können, sollte man wissen, dass es kollektivistisch und individualistisch ausgerichtete Kulturen gibt:

- In den individualistisch geprägten Kulturen, zu denen die deutsche zählt, steht das Individuum im Mittelpunkt der Werte; die Betonung liegt auf der Leistung des Einzelnen. Ein Beharren auf der eigenen Meinung wie auch individuelle Auseinandersetzungen sind keine Seltenheit. Es ist üblich, direkt und konfrontativ die eigene Meinung zu sagen. Dies wird als Charakterstärke und Aufrichtigkeit gewertet.

- In den kollektivistisch geprägten Kulturen hingegen nimmt das Wohlergehen des Kollektivs, also das Ge-

meinschaftsgefühl und die Harmonie in der Gruppe, die höchste Priorität ein. Persönliche Meinungen werden weitaus seltener geäußert; der Konsens in der Gruppe wird gesucht. Hier lautet die Regel, die direkte Konfrontation mit anderen Personen zu vermeiden, denn sie wird als Kritik oder gar als Angriff aufgefasst. Aus diesem Grund ist sie nicht nur unhöflich, sondern schlichtweg unangebracht.
Beispiele für diese Art der kulturellen Ausprägung sind Japan und Großbritannien. Und so kommt es auch, dass Sie in Meetings von Engländern häufig gefragt werden: *„How do you feel about it?“* Nur bei allgemeinem Konsens wird das Meeting als Erfolg gewertet; dieses *„feel good“* hat jedoch nur bedingt Einfluss auf die Entscheidungsfindung, die auch außerhalb eines Meetings stattfinden kann.

Tipps zur Bewältigung interkultureller Konflikte

Um interkulturelle Konflikte zu bewältigen, sollten Sie folgende Tipps beherzigen:

- Achten Sie auf unterschiedliche Kommunikationsstile Ihrer Teilnehmer und stellen Sie sich darauf ein.
- Zwingen Sie dem Meeting nicht Ihren eigenen Kommunikationsstil auf.
- Formulieren Sie strittige Punkte auf neutrale Art um.
- Erweitern Sie eine Diskussion, die sich zwischen einzelnen Teilnehmern entwickelt, um weitere Teilnehmer.
- Zeigen Sie Verständnis für abweichende Meinungen.
- Unterbrechen Sie, wenn andere ungerechtfertigt und emotional kritisiert werden.
- Setzen Sie Respekt für andere als oberste Spielregel fest und gehen Sie mit gutem Beispiel voran.
- Trennen Sie Meinungen von Personen und vermeiden Sie persönliche Kritik.

Ü7 Hier wendet der Moderator einige der genannten Tipps an. Finden Sie heraus, welche, und notieren Sie die jeweilige Ziffer hinter der Strategie.

a Show that you respect an opinion ☐

b Show that you understand ☐

c Reword a critical issue neutrally ☐

d Accept a different view ☐

e Draw other people into the discussion ☐

Maria: I'm not very happy with the suggestions for budget cuts.

Chair: I see, but we have only limited funds this year. (1)

Maria: I really think we need to discuss the financial needs before taking a decision on where to cut.

Chair: Right, you're saying we need more information before we vote on that? (2)

Maria: Yes, that's right.

Chair: OK, that's a fair point. (3) Vincent, you prepared something on this. What can you tell us? (4)

Vincent: Well, the financial needs for this project are already down as we bought the new hardware last year. So that issue is no longer in the plan and we really should focus on what we want to do with the money.

Chair: I appreciate that (5), but head office told us to reduce the budget by another 10%.

Häufig genug treten Konflikte auf, da Teilnehmer ihren Unmut hinter so genannten *idea killers* verstecken, die vorgeschobene Argumente liefern.

Ü8 Bilden Sie vollständige Sätze.

1. That / too / time / would / much / take / .

____

2. It / too / expensive / be / would / .

____

3. My / agree / boss / would / never / .

____

4. This / for / good / isn't / moment / a / that / .

____

5. We / and / didn't / before / it / this / work /tried / .

____

Eine Möglichkeit, als Moderator auf solche *idea killers* zu reagieren, sind offene Fragen, die Sie schon im Small Talk geübt haben.

Ü9 Antworten Sie auf diese *idea killers* mit offenen Fragen.

1. *That would take too much time!*
   How much ______________________________ have?
2. *It would be too expensive!*
   How big ______________________________ budget?
3. *My boss would never agree!*
   What ______________________________ convince him?
4. *This is not a very good moment for that.*
   When ______________________________ better moment?

3.6 Vokabeln und Redewendungen auf einen Blick

to **adjourn**	vertagen
agenda	Tagesordnung
to **amend**	hinzufügen
to **apologise**	entschuldigen
to **arrange**	einrichten
to **brief**	unterrichten
to **bring sb in**	jdn. einbeziehen
to **bring sth up**	etw. aufbringen
to **call for**	etw. einberufen
to **cancel**	absagen
to **catch sth**	etw. verstehen
to **chair**	leiten
chairperson	Vorsitzende(r)
to **come in**	etw. einwerfen
to **consider**	in Betracht ziehen
contribution	Beitrag
to **digress**	abschweifen
to **direct**	steuern
to **discuss**	besprechen
to **draw in**	einbeziehen in
to **examine**	untersuchen
to **facilitate**	moderieren, unterstützen
to **finalise**	abschließen
to **hand over**	übergeben
to **interrupt**	unterbrechen
issue	Thema
item	Punkt *(Tagesordnung)*
to **move on to**	übergehen zu
to **reformulate**	umformulieren
to **revise**	überarbeiten
to **second**	unterstützen *(Antrag)*
to **speak up**	lauter sprechen
to **summarise**	zusammenfassen
to **take the minutes**	Protokoll führen
to **vote**	abstimmen

Ein Meeting beginnen

- Well, we all seem to be here now. Let's begin.
- It's nice to see everyone.
- Thanks for being here today.
- Sue can't be here today, because …
- Could you take the minutes?
- We'll be discussing …
- The aim of today's meeting is …
- We should brainstorm some ideas on …
- We have to resolve the issue of …
- As I said in the e-mail, the aim of today's meeting is …
- Mark will talk about …
- Anne is here to brief us on …
- Now, let's move to the first item …

Meinungen und Feedback

- What do you think of this? Any ideas?
- Sue, what's your view on that?
- Mark, you did some research on that. What can you tell us?
- That's a good point.
- That's an important aspect.
- I see. That's a good question.

Nachfragen und Klärung

- I'm sorry, could you say that again?
- I'm sorry, could you repeat that?
- Sorry, Anne, I didn't catch that.
- Could you speak up a bit?
- What do you mean exactly?
- So, what you're saying is …?
- OK, you think that we … Right?
- OK, could I just summarise what you said?
- OK, to summarise this item, …

Konfliktlösung

- Sorry, Mark, can I bring in Sue here?
- Sorry, Sue, could we just hear Mark on this?
- Sorry, Anne, can you let Jack finish?
- Just a second, Jack. You'll get a chance to speak soon.
- I'm afraid this is taking us a bit far. Can we get back to …?
- I'm not sure if that gets us any further. Why don't we continue with …

Zeitmanagement

- I would like to spend about ten minutes on each item.
- We'll break for lunch at 12.00.
- Sue will give an update for about ten minutes.
- We should try to finish by five.
- OK, that sums up the main points so far. I'll now hand over to … who'll talk about …
- If that's all, I'd like to move on to the next point …
- Right, that was all on that. Let's now come to … presentation on …
- I'm afraid this is taking us a bit far.
- Can we get back to the main issue?
- I think this should be discussed at a later point.
- We should all give this some thoughts for the next meeting.

4 An einem Meeting teilnehmen

Die übliche Situation wird für Sie zunächst die folgende sein: Sie werden zu einem Meeting eingeladen und sind als Teilnehmerin oder Teilnehmer aktiv gefordert. Auch wenn Englisch nicht Ihre Muttersprache ist, sollten Sie sich nicht hinter der Sprachbarriere verstecken. Bei aller Liebe zur sprachlichen Perfektion, die Ihnen auch dieses Buch mitgeben möchte, ist es doch meist wichtiger, erst einmal mit der Kommunikation anzufangen.

4.1 Aktiv gestalten

It's up to you

Zu welcher Art von Teilnehmern eines Meetings gehören Sie?

	Yes	No
a You use sounds and short words such as "OK" or "uh-uh" to signal you're listening.	☐	☐
b You listen silently in order not to disturb the speaker.	☐	☐
a You reformulate what others said to check understanding.	☐	☐
b You see reformulating as a waste of time because you have understood.	☐	☐
a You interrupt to ask questions or add comments.	☐	☐

b You see interruptions as rude and aggressive.	☐	☐
a You like to keep a meeting on track.	☐	☐
b If the meeting loses focus, it's the chair's job.	☐	☐
a Even when you disagree, you are positive about the speaker.	☐	☐
b You don't make positive comments to people as those are not part of business.	☐	☐
a You like detailed discussion as you learn more about other people's views.	☐	☐
b You think discussion should be kept to a minimum.	☐	☐
a You think the decision has to reflect the opinion of the group.	☐	☐
b You think it is the chair's job to take the decision.	☐	☐

Auflösung

- **Mostly a:** *You like to take an active role in a meeting; you see a meeting as an opportunity to exchange views and to learn from others, and you readily take over tasks and responsibilities. You might overdo things from time to time: remember that there are people who need more time to express their thoughts.*
- **Mostly b:** *You rather see yourself as a quiet observer and you don't want to make a mistake. You don't feel comfortable in large groups, but you might add useful views to calm down a heated debate. However, people might feel a lack of feedback or commitment from your end if you never voice it.*

Ihr Teilnehmerverhalten, das Sie in dem Test ermittelt haben, ist nicht nur in Ihrer Muttersprache für Sie charakteristisch: Wenn Sie in deutschsprachigen Meetings zu aktiver Gestaltung neigen, werden Sie sich auch in englischsprachigen Meetings die Fremdsprache nicht als Hürde begreifen.

Sind Sie hingegen in der Regel ein eher passiver Teilnehmer, kann eine Fremdsprache für Sie ein zusätzliches Hemmnis sein, sich in die Diskussion einzubringen. Wirken Sie dem bewusst entgegen, indem Sie sich sorgfältig auf das Meeting vorbereiten:

> Notieren Sie nützliche englische Redewendungen und formulieren Sie Ihre Beiträge, Fragen und Anmerkungen, so weit möglich, schon im Vorfeld auf Englisch.

In der Vorbereitung haben Sie genügend Zeit dafür; im Meeting selbst wird ein geistiges Übersetzen Ihrer Fragen Sie unnötig Zeit kosten: Während Sie noch überlegen, wie Sie einen Gedanken formulieren können, ist die Diskussion schon weiter fortgeschritten. Im folgenden Kapitel finden Sie für diese Vorbereitung nützliche Redewendungen.

Action point: Listen without prejudice

Wenn Sie sich zu Beginn des Meetings eine aktive Teilnahme noch nicht zutrauen, probieren Sie es mit **active listening.** Das ist eine selbst in der Diplomatie beliebte Form, ohne große Worte Interesse zu zeigen und zu signalisieren, dass man aufmerksam lauscht.

Dazu können Sie Laute und Füllwörter wie *„Oh"*, *„OK"*, *„Mmh"*, *„Yup"*, *„Oh no"* und *„Tss"* verwenden oder auch Satzfragmente (*„Right."*; *„I see."*; *„Interesting."*; *„Really?"*; *„What a pity."*)

Es gibt Menschen, die ein Meeting nur mit *„OK"*, *„Right"* und *„I see"* bestreiten – und von jedem für ihre aktive Teilnahme gelobt werden.

4.2 Seine Meinung äußern

Say what you want

Die typische erste Reaktion auf die deutsche Frage *„Was halten Sie davon?“* ist in der Regel *„Äh …“* oder *„Also, …“*. Dieses *äh* signalisiert nicht nur Überraschung, es gibt auch Zeit zum Denken.
Im Englischen entspricht dem das beliebte Wort *well:* Es gibt Ihnen Zeit, Ihren Standpunkt gedanklich vorzubereiten, und gehört somit neben *OK* und *right* zu den wichtigsten Vokabeln (nicht nur) Ihres Meeting-Wortschatzes. An das *well* können Sie dann die folgenden Formulierungen anschließen:

- Well, in my opinion, there is …
- Well, I think it's important to …

Machen Sie mithilfe solcher Einleitungen stets klar, dass es sich bei dem, was Sie sagen werden, um Ihre Meinung und nicht um Fakten handelt.

Wenn Sie eine Frage nicht genau verstanden haben, bitten Sie um Wiederholung:

- Could you repeat your question?
- Sorry, I'm not sure what you mean.

Vorschläge machen

Eine Meinung wird oft als Vorschlag geäußert. Dabei empfiehlt es sich, erst einmal einen vorsichtig formulierten Testballon aufsteigen zu lassen:

- I think we should …
- Maybe it would be a good idea to …
- I don't think we should …
- I'm not sure about that.

Hierbei sind Modalverben äußerst hilfreich. Modalverben sind Hilfsverben, die potenzielle Zustände ausdrücken, also Möglichkeiten, Notwendigkeiten, Verbote, Empfehlungen usw. Sie können Modalverben dazu verwenden, um Ihrer Meinung mehr oder weniger Nachdruck zu verleihen:

Modalverben		
strong	– We must do this. – We have to do this. – We ought to do this.	– We can't do this. – We mustn't do this. – We shouldn't do this.
medium	– We need to do this. – We should do this. – We can do this.	– We don't have to do this. – We needn't do this. – We couldn't do this.
mild	– We could do this. – We may/might do this.	– We may/might not do this.

Achten Sie bitte darauf, dass die negative Form eines Modalverbs nicht eins zu eins der positiven entspricht:

- *„We must"* heißt: *„wir müssen unbedingt"*;
- *„We mustn't"* heißt: *„wir dürfen nicht"*.
- *„We can"* heißt: *„wir sind dazu in der Lage"*;
- *„We can't"* heißt: *„es ist nicht möglich"*.
- *„We have to"* ist ähnlich stark wie *„we must"* und heißt: *„wir müssen"*;
- *„We don't have to"* heißt hingegen: *„wir müssen nicht"*.

Spekulative Vorschläge können Sie mit *would* formulieren:

– I would suggest that we analyse …

Sie können Ihre Meinung betonen durch das Hilfsverb *do*:

– I do think we should look into this.

Ü1 Sehen Sie sich die folgenden Probleme an und formulieren Sie jeweils drei Lösungsvorschläge als *mild* (a), *medium* (b) und *strong* (c).

1. Problem:
Our current telecoms provider is too expensive.

Possible solutions:

a try to re-negotiate the contract

____

b save money in other areas

____

c get out of the contract and find another provider

____

2. Problem:
Our call centre operators are rude to customers.

Possible solutions:

a offer more training in customer care

____

b provide customer care via the internet

____

c replace team with staff with a more positive attitude

____

Standpunkt verteidigen

Wenn Sie Ihren Standpunkt verteidigen möchten, sind Formulierungen hilfreich, die eine Unvermeidlichkeit implizieren und Ihre Aussage unterstreichen:

- we have no choice but …
- we must be prepared to …
- we can't ignore that …

Außerdem können Sie Ihrer Aussage mit Adjektiven und Adverbien mehr Gewicht verleihen:

- We **really** have to …
- It is **highly** important to …
- I think it is **crucial** to …
- It is **absolutely necessary** to …

Denken Sie dabei daran, dass Adjektive Hauptwörter näher beschreiben, während sich Adverbien auf alles andere beziehen können – also auf Verben, andere Adjektive und auch auf ganze Sätze.

Ü2 Setzen Sie in die folgenden Sätze das richtige Adjektiv oder Adverb ein.

great – important – necessary – absolutely – exactly – absolutely

1. That's ________________ what we should do.
2. It's ________________ essential to invest in this area.
3. I think this is indeed a ________________ thing to do.
4. In my opinion, we have ________________ no choice.
5. I think it will be most ________________ to consider the fixed costs.
6. I'm sure this will have a ________________ effect.

Argumentation aufbauen

Ihre Meinung erhält mehr Gewicht, wenn Ihre Argumentation einleuchtet. Dazu sind Fakten vonnöten, aber auch die Fähigkeit, diese überzeugend zu präsentieren.

Es empfiehlt sich dabei, die Fakten mithilfe von Konjunktionen (Bindewörtern) so miteinander zu verbinden, dass Ursache und Wirkung deutlich werden, also nach dem so genannten *„cause and effect"*-Prinzip:

- **Because** of the general development, we have to …
- **As** things have changed, we have no choice but …
- **Since** the new budget is tighter, it has become necessary to …

Durch den Verweis auf die Folgen bestimmter Handlungen verleihen Sie Ihrer Meinung mehr Nachdruck:

- **If** we don't cut costs, we'll lose the whole project.
- We need to improve customer service **so that** we don't lose any customers.
- A cut in R&D will **result in** us losing our cutting edge.

Ü3 Fügen Sie die Satzteile richtig zusammen.

1. I think this is **due**	a **result of** some bad planning on our part.
2. The market is still a bit depressed **because**	b **of** debt and lower share prices.
3. Sales are up for **the reason**	c **being** that we made some mistakes in market research.
4. I think this is **a**	d **that** the telecoms production team performed extremely well.
5. The IT sector is performing poorly, **the reason**	e **to** excellent work by our production team.

Zu den überzeugendsten Fakten gehören in der Regel Zahlen, die aber leider bekanntermaßen oft nüchtern und trocken sind. Damit sie trotzdem ihre Wirkung entfalten und Ihren Standpunkt stützen, müssen sie entsprechend präsentiert werden. Wenn Sie die folgende Aufgabe lösen, erhalten Sie einige hilfreiche Sätze, mit denen Sie Zahlen interessant vorstellen können.

Ü4 Bilden Sie vollständige Sätze.

1. These / impressive / figures / quite / are / .

___

2. Let / tell / how / got / we / to / figures / these / me / you / .

___

3. The / a / disappointing / little / figures / are / .

___

4. These / of / show / advantage / figures / the / plan / our / .

___

5. The / speak / themselves / for / figures / .

___

6. Just / figures / at / look / these / .

___

4.3 Zustimmung und Ablehnung

Just a different point of view

In einer Diskussion geht es nicht nur darum, seine eigene Meinung zu präsentieren, sondern auch darum, die Meinung anderer zu kommentieren – entweder auf Nachfrage oder aus eigenem Antrieb. Ihr Kommentar kann positiv (als Zustimmung) oder negativ (als Ablehnung) ausfallen.

Ablehnung formulieren

Wenn Sie die Meinung eines anderen kritisieren, sollten Sie dabei diplomatisch und behutsam vorgehen.

> Achten Sie darauf, dass Sie die Person von der Sache trennen.

Schließlich wird niemand gern kritisiert, und es fällt deutlich leichter, Kritik zu akzeptieren, wenn sie angemessen und höflich verpackt ist und wenn man sich nicht persönlich angegriffen fühlt – das wissen Sie bestimmt aus eigener Erfahrung.
Hier sind also diplomatische Formulierungen vonnöten, bei denen erneut Modalverben hilfreich sind:

- I **would** find this difficult to agree to ...
- This **could** be difficult to manage ...

Üblicherweise geht einer Ablehnung auch eine Einleitung voraus, die ein Bedauern darüber ausdrückt, dass man die Meinung des anderen nicht teilt:

- I'm sorry, but I can't go along with that.
- I'm afraid you might be wrong there.

Eine weitere Form der höflichen Abfederung von Kritik ist die Abschwächung des Verbs, das die Nichtübereinstimmung ausdrückt:

- I tend to disagree ...
- I may not agree to that point ...

Auch wenn diese Ablehnungen alle sehr diplomatisch formuliert sind: Es sind nichtsdestotrotz Ablehnungen und sie müssen als Widerspruch oder als Nein gewertet werden.

Es gibt natürlich auch die Möglichkeit, Kritik schärfer zu formulieren. Behalten Sie dabei die höfliche Einleitung bei und schrauben Sie die Intensität der Modalverben bzw. der anderen Formulierungen hoch, etwa so:

– I'm afraid I can't agree.
– I'm sorry, but I find it impossible to agree.

Noch stärkere Kritik drücken folgende Formulierungen aus, die aber gleichzeitig klar machen, dass Sie sich nicht auf die Person, sondern auf die Sache beziehen:

– That's a good point, but I totally disagree.
– I see what you mean, but that's out of the question.

Mit diesen Formulierungen drücken Sie zunächst Respekt oder Wertschätzung gegenüber der kritisierten Person aus, bevor Sie dann in der Sache widersprechen.

Wie entschieden man seine Ablehnung auch formuliert – empfehlenswert ist es immer, einen Gegenvorschlag oder eine Alternative zu unterbreiten:

– Why don't we ... instead?
– Let's ask Maria how to proceed.

Action point: No, no, never!

Je nach kultureller Prägung unterscheiden sich die Menschen in ihrem Kommunikationsstil. Wer einer so genannten *„low context"*-Kultur angehört – wie zum Beispiel die Deutschen –, formuliert direkt und explizit, was er denkt.

In *„high context"*-Kulturen hingegen, zu denen die englische zählt, wird eine Botschaft nicht notwendigerweise mit Worten übermittelt. Nonverbale Hinweise sind ebenso wichtig wie der Kontext, in dem sich die Kommunikation abspielt.

Von einem Geschäftspartner, der einer *„high context"*-Kultur angehört, werden Sie im Meeting also womöglich viele Antworten hören, die ein Nein meinen. Nur eine wohl nie: *„No!"*. *No* kann im Gespräch auftauchen, etwa in der Wendung *„No, I don't think so"*, aber als definitive Ablehnung ist es einfach zu kurz und zu hart. Hier sind zehn Formulierungen, mit denen Sie Nein sagen können, ohne *„nein"* zu sagen – in steigender Intensität von gemäßigt (1) bis sehr deutlich (10):

1. It may be difficult for us to accept that.
2. That's interesting, but I need more time.
3. I find that difficult to agree to.
4. That would be quite difficult for us.
5. That would be a problem.
6. We couldn't consider that.
7. Interesting idea, but it wouldn't suit us.
8. I see your point, but we can't.
9. That isn't really an option.
10. Sorry, that's out of the question.

Zustimmung signalisieren

Möglicherweise stimmen Sie mit jemandem nur in einigen Punkten oder bis zu einem gewissen Grad überein:

- I tend to agree.
- I agree in some points.

Teilen Sie die Meinung des anderen vollständig, können Sie das entweder sachlich kundtun:

- I think you're right.
- I agree we should …

… oder die Gelegenheit nutzen, dem anderen persönliche Verbundenheit auszudrücken und so Allianzen aufzubauen, indem Sie Ihre Zustimmung enthusiastischer formulieren:

- I fully agree.
- You're absolutely right.

Ü5 Fügen Sie die Satzteile richtig zusammen, sodass Zustimmung oder Ablehnung ausgedrückt wird.

1.	I can	a	be joking.
2.	I couldn't	b	be serious.
3.	You might	c	be right.
4.	You can't	d	be true.
5.	That wouldn't	e	see your point.
6.	That can't	f	agree more.
7.	You've got to	g	be feasible.

Um Ihre Zustimmung oder Ablehnung zu verdeutlichen, sollten Sie auf den Punkt kommen. Dies können Sie mit den kurzen und prägnanten Formulierungen aus Übung 5 tun. Oder Sie nutzen eine der vielen Redewendungen mit *point,* die Sie der Übung 6 entnehmen können.

Ü6 Bilden Sie vollständige Sätze.

1. That's / point / fair / a / .

____

2. OK, / point / I / your / see / .

____

3. You've / point / a / there / got / .

____

4. I / point / up / to / agree / you / with / a / .

____

5. That's / point / the / just / not / .

____

6. That's / point / beside / the / completely / .

____

4.4 Unterbrechungen

Don't stop me now

Auch wenn sich alle Teilnehmer geschworen haben, das nicht zu tun: Es gibt Situationen, in denen Sie das dringende Bedürfnis haben, denjenigen, der gerade spricht, zu unterbrechen. Tun Sie dies höflich:

- Sorry, can I come in here?
- Sorry to interrupt, but I'd like to say …

Möglicherweise wird der Unterbrochene Sie bitten, sich einen Moment zu gedulden, zum Beispiel mit diesen Worten:

- Can I just finish?
- I'd just like to finish and then I'll hand over.

Wenn Ihr Anliegen sehr dringend ist, können Sie einen weiteren Versuch unternehmen, zu Wort zu kommen:

- Sorry, but I need to know whether …
- Sorry, but I have to add at this point …

Ü7 Setzen Sie die passenden Wörter ein.

1.	Can we come back	a	a point here?
2.	Could I just	b	I promise we'll come right back to you.
3.	Could I make	c	interrupt you there?
4.	Hold on a moment	d	to your point in a minute?
5.	Just a moment, please.	e	please. We'll come back to you soon.

Sind Sie selbst in der Situation des Unterbrochenen, bleiben Sie ruhig und versprechen Sie, dass Sie auf das Anliegen zu sprechen kommen werden:

- Well, if I could just finish this point, then I'll answer your question.
- Just a moment please, I'll get back to you after this.

4.5 Missverständnissen vorbeugen

Don't let me be misunderstood

Die Gefahr, dass in fremdsprachigen Meetings Missverständnisse entstehen, ist noch größer als sonst. Missverständnisse können verschiedene Ursachen haben:

- Einige Teilnehmer haben möglicherweise unzureichende sprachliche Fähigkeiten.
- Angehörige unterschiedlicher Kulturen drücken sich oft unterschiedlich aus, obwohl sie das Gleiche meinen.
- Manch einer formuliert umständlich und missverständlich.
- Oft wird irrtümlich ein gewisser Hintergrund an Informationen vorausgesetzt, den nicht alle teilen.
- Oder die Akustik ist einfach schlecht.

Sprachliche oder sachliche Missverständnisse

Wichtig ist in jedem Fall, dass Sie nachfragen, wenn Sie das Gefühl haben, etwas nicht richtig zu verstehen. Dazu können Sie um Wiederholung bitten oder Rückfragen stellen:

- Could you explain what that means?
- I'm not sure I understand. What are you getting at?

Für solche Rückfragen bietet sich die Taktik des Umformulierens an. Dies ist, wie wir später noch sehen werden, eine der wichtigsten Taktiken in Meetings. Dabei kommt es nicht darauf an, ob Sie Ihr Gegenüber im Detail verstanden haben: Wäre das der Fall, müssten Sie ja nicht nachfragen. Häufig genügen Fragmente, die Sie in die Frage einbinden:

- So, in other words you want to …?
- If I got you right, you're asking whether …

Umformulierungen sind übrigens nicht nur bei der Klärung von Verständnisproblemen hilfreich. Sie können sie auch als „Puffer" verwenden, wenn Sie noch etwas Zeit brauchen, um eine Idee zu formulieren, oder wenn Sie auf eine knifflige Frage nicht direkt antworten möchten.

Kulturelle Missverständnisse

Wie wir in Kapitel 4.3 schon gesehen haben, werden im Englischen schlechte Botschaften häufig nett verpackt. Bevor eine Idee abgelehnt oder infrage gestellt wird, wird erst einmal gelobt. Man nennt das die *„yes, but"*-Falle:

- Yes, but we can't do that.

Die Aussage steckt hier nicht im *„yes"* – wie viele Deutsche denken mögen –, sondern im *„can't"*. Dies liegt daran, dass, wie wir schon gesehen haben, der britische Sprachraum durch eine *„high context"*-Kultur geprägt ist: Negative Nachrichten werden in einen umfangreichen Kontext eingebettet, der den Schmerz lindern soll.
Während deutsche Muttersprachler (die ja einer *„low context"*-Kultur entstammen) die Botschaft zu Beginn des Satzes suchen – „das Wichtigste zuerst" –, ist diese im Englischen häufig am Ende des Satzes zu finden – „nicht mit der Tür ins Haus fallen":

> Beginnt ein Satz also mit *„yes"*, drückt er nicht automatisch Zustimmung aus.

Warten Sie ab, was folgt, und freuen Sie sich nicht zu früh. Ähnlich komplexe Botschaften verstecken sich in diesen Formulierungen:

- I see what you mean, it's just that …
- I know, but thinking about it, I mean, …

Auf Zwischentöne achten

Natürlich sind auch Sie nicht davor gefeit, Dinge so zu formulieren, dass sie von anderen falsch aufgefasst werden – oder zumindest nicht so, wie Sie es gemeint haben. Das sind dann *„cultural dragons"*, also Formulierungen, die für einen selbst völlig klar sind (jeder weiß, was ein Drache ist), die aber beim Gegenüber eine ganz andere Assoziation hervorrufen können (da jeder seine eigenen Vorstellungen von Drachen hat). Ein schönes Beispiel dafür ist dieser Satz:

– It's not possible.

Wenn Sie diesen Satz äußern, meinen Sie vermutlich: *„Es gibt verschiedene Gründe, die uns daran hindern, Ihrem Vorschlag zuzustimmen."* Ihr Gegenüber wird den Satz aber vermutlich so interpretieren: *„Wir wollen das nicht tun."*
Um diesem Missverständnis vorzubeugen, haben Sie zwei Möglichkeiten, diese Formulierung zu ergänzen:

- Geben Sie einen Grund an:

  – It won't be possible because the new computers will only get here next week.

- Oder verwenden Sie eine indirekte Formulierung:

  – That wouldn't be quite feasible for us.

Mit Präzisierungen sorgen Sie dafür, dass dieser Drache kein Feuer speit. Ein ähnliches Beispiel ist der Satz:

– That is a problem.

Mit dieser Formulierung stellt man das Problem in den Raum, es ist also „da". Konstruktiver und diplomatischer ist es, den Satz stattdessen ins *conditional* zu setzen:

– That would be a problem.

Dadurch wird das Problem als hypothetisch dargestellt und unter Umständen vermeidbar.

Ein weiteres Fettnäpfchen, das häufig betreten wird, ist direkte Kritik, durch die es zu einer Konfrontation kommt. Auch hier ist ein feines Gespür für die Zwischentöne gefragt. Um die Kritik abzumildern, sollte man auf harsche Adjektive verzichten. Statt *„The team performance was bad"* oder *„Your work was unsatisfactory"* sollte man z.B. sagen:

- The team performance was **not very/quite good.**
- Your work was **(somewhat) not very satisfactory.**

Ü8 Formulieren Sie diese negativen Botschaften diplomatisch um.

1. Your management style is terrible.

___

2. The service we have received from them is awful.

___

3. The results of your market research are disappointing.

___

4. Your approach to problem solving is inappropriate.

___

5. Geoff's presentation was below standard.

___

6. The quality of your company's customer service is unsatisfactory.

___

Getting it across: Left to my own devices

Gelegentlich müssen Sie in einem Meeting einen Vortrag halten – z.B. einen Lage- oder Fortschrittsbericht oder eine Unternehmenspräsentation für Ihren Kunden.

Darauf sollten Sie bei einer Präsentation im Rahmen eines Meetings achten:

- Übernehmen Sie das Wort vom Besprechungsleiter und lenken Sie mit ein, zwei kurzen Sätzen die Aufmerksamkeit auf sich:
  - Thank you, as you might know …
- Achten Sie auf die Zusammensetzung des Publikums: Welches Sprachniveau hat die Gruppe? Richten Sie Ihr Redetempo danach und vermeiden Sie Slang oder Jargon.
- Im Meeting wird kaum Zeit sein für eine Frage-und-Antwort-Runde nach Ihrem Vortrag. Beantworten Sie Fragen daher während der Präsentation und weisen Sie zu Beginn darauf hin, dass Fragen eingeworfen werden dürfen:
  - Please feel free to interrupt if you have any questions.
- Behalten Sie die Zeit im Auge: In einem Meeting sind Überziehungen unerwünscht. Halten Sie Ihre Präsentation kurz; einzelne Fragen können konkret erörtert werden.
- Wenn Sie in einem Webmeeting oder einer Audiokonferenz präsentieren, sollten Sie mit Folien arbeiten, die die anderen Teilnehmer auf ihren Bildschirmen sehen können. Stellen Sie durch Nachfragen sicher, dass alle an der richtigen Stelle sind:
  - OK, can you all see the chart showing …?

Wenn Sie sich ausführlicher auf eine englischsprachige Präsentation vorbereiten möchten, sei Ihnen das Buch „Presenting in English“ empfohlen, das in der gleichen Reihe wie dieses erschienen ist.

4.6 Vokabeln und Redewendungen auf einen Blick

absolutely	völlig
to **add**	hinzufügen
to **agree**	zustimmen
crucial	entscheidend
to **disagree**	nicht zustimmen
feasible	machbar
to **get at sth**	auf etw. hinauswollen
to **get back**	zurückkommen
to **get sb right**	jdn. verstehen
to **go ahead**	fortfahren mit etw.
to **have a point**	recht haben
to **lose track**	Faden verlieren
to **make a point**	hinweisen auf
to **proceed**	fortfahren
progress report	Fortschrittsbericht
quite	ziemlich
to **see a point**	jdn. verstehen
somewhat	einigermaßen
status report	Lagebericht
to **tend to do sth**	zu etw. neigen

Meinung äußern

- In my opinion, …
- As I see it, the situation is …
- I think we should …
- I think it's necessary …
- It seems to me that …

Rückfragen

- Can you give an example?
- If I get you right, you're saying that …?
- Could you explain again what you'd like to know?
- In other words, you want to …?

Zustimmung

- I agree with you up to a certain point.
- I think that's a good idea.
- I couldn't agree more.
- I totally agree.
- That's a brilliant idea.
- Absolutely!

Ablehnung

- I'm not sure I agree.
- I partially disagree.
- Sorry, but that won't be feasible for us.
- I don't think we should go ahead with this …
- Sorry, but I can't go along with that idea.
- Fair enough, but that's absolutely not possible.
- You must be joking!

Vorschläge

- Perhaps we should …
- Maybe we shouldn't …
- I suggest that we'd rather …
- I think we have no choice but …
- We must do that …
- How about …?
- Why don't we …?

Unterbrechungen

- Sorry, but …
- Could I come in here?
- Hold on, could I just comment on that …
- Sorry, but I'd like to finish. So, back to …
- Just a second, please.

5 Verhandlungen

In diesem Kapitel steht die Verhandlungsführung mit Kunden im Vordergrund, die wir in Kapitel 4 zugunsten von Team-Meetings etwas vernachlässigt haben.

> Eine Verhandlung, englisch *negotiation*, ist eine Situation, in der zwei Seiten unterschiedlicher Meinung sind und sich bemühen, zu einem gemeinsamen Ergebnis zu kommen.

Jede Seite muss im Laufe der Verhandlung Zugeständnisse machen und zu Kompromissen bereit sein, damit beide Parteien sich in der Mitte treffen und mit der ausgehandelten Lösung gut leben können.

Die Tipps und Übungen in diesem Kapitel sind natürlich nicht nur für Verhandlungen mit Kunden nützlich, sondern geben auch Anregungen für Budgetverhandlungen und andere Anlässe.

5.1 Effektive Vorbereitung

Break on through to the other side

Die Erwartungen an die Verhandlungsführung können je nach kultureller Prägung ganz unterschiedlich sein.

> Eine gute Vorbereitung – sowohl sprachlich als auch in Bezug auf kulturelle Kenntnisse – ist eine wesentliche Voraussetzung für den Verhandlungserfolg.

Versäumen Sie es hingegen, sich ausreichend vorzubereiten, geraten Sie womöglich in eine ähnliche Situation wie diese beiden Manager – der eine aus Japan, der andere aus Deutschland –, die über die gleiche, wenig erfolgreiche Verhandlung reflektieren:

Lesen Sie beide Standpunkte. Was ist schiefgelaufen?

German Manager:
"Well, they are a bit strange, the Japanese. First we had to drink tea for ages, and then they invited us for lunch although we told them we had to catch our plane in the afternoon. And the older guy never said anything – I don't know if he liked the products or not. They won't get a better price anywhere. But if they don't want to buy, we'll sell to the Chinese."

Japanese Manager:
"I'm not sure what to think. They sent this very young guy, he can hardly have the experience he needs in a job of such responsibility. And he was talking all the time, especially about money. We want high-quality products, we want a supplier we can trust. And his colleague never said a word, he only prepared the charts. And then they rushed to the airport after the meeting."

Lösung: *Wieder einmal gründet das Problem auf kulturellen Unterschieden. In Japan, einer ausgeprägten „high context"-Kultur, legt man großen Wert auf Vertrauensbildung und ist an langfristigen und respektvollen Geschäftsbeziehungen interessiert. Japanische Manager sind oft schon etwas älter, was als Garant für Weisheit verstanden wird, und sie überlassen das Reden im Meeting ihren Mitarbeitern.*
Hätte sich der deutsche Manager im Vorfeld des Meetings über kulturelle Charakteristika Japans in Sachen Hierarchie, Atmosphäre und Zeitrahmen informiert, hätten die Missverständnisse vermieden werden können.

Die Empfehlung, sich im Vorfeld über kulturelle Besonderheiten zu informieren, gilt natürlich für beide Verhandlungspartner.

Vorbereitung auf interkulturelle Verhandlungen

Status

- Wie sieht die Hierarchie im Unternehmen aus: Sind die Strukturen strikt *top-down* oder eher flach?
- Wer trifft die Entscheidungen: der Vertreter im Meeting oder der Abteilungsleiter zu Hause?
- Werde ich von der Gegenseite akzeptiert? Bin ich der richtige Ansprechpartner oder brauche ich Verstärkung? Wie sollten die Rollen verteilt werden?

Atmosphäre

Eine gute Vorbereitung des Raums beeinflusst die Atmosphäre des Meetings (vgl. Kap. 1).

- Machen Sie sich Gedanken über die Sitzordnung für die Verhandlung.
- Sind Sie der Gast, nehmen Sie den Besprechungsraum nach Möglichkeit kurz in Augenschein, bevor es losgeht.

Zeitrahmen

- Wie lange dauert eine Verhandlung: Stunden? Tage? Beachten Sie das besonders bei der Reiseplanung.
- Wie viele Meetings sind für eine Entscheidung nötig?
- Wie viel Zeit wird auf Small Talk und auf das Kennenlernen verwendet?
- Wie wichtig ist ein Rahmenprogramm?

Hintergrund

Bringen Sie möglichst viel über Ihren Verhandlungspartner in Erfahrung. Besuchen Sie seine Website und suchen Sie nach englischsprachigen Meldungen im Netz zu seinem Geschäftsgebaren und aktuellen Plänen oder Projekten.

Ziele

Definieren Sie Ihre Ziele:

- Was ist mein Maximal- bzw. Minimalziel?
- Welche Alternativen habe ich anderswo?

Die Gegenseite
Nehmen Sie die Perspektive der Gegenseite ein: Worauf würden Sie an ihrer Stelle achten? Welche Fragen würden Sie stellen? Da Sie wahrscheinlich auch schon mal auf der anderen Seite des Tisches gesessen haben, dürfte Ihnen das nicht schwerfallen.

All diese Informationen werden Ihnen bei der englischsprachigen Vorbereitung der eigentlichen Verhandlungssituation nützlich sein. Sie werden Ihnen auch helfen, Ihre eigene Argumentation vorzubereiten sowie Gegenargumente der anderen Seite zu antizipieren. Dadurch werden Sie sehr viel überzeugender agieren können.

5.2 Win-win-Situationen

The winner takes it all?

Es wäre vergebliche Liebesmüh, wenn man versuchte, etwas zu verkaufen, was die Kunden nicht haben wollen. Normalerweise ist die Ausgangslage so:

- Der Kunde möchte kaufen, und zwar gute Produkte zu einem günstigen Preis.
- Der Verkäufer möchte sicherstellen, dass der Kunde bei ihm kauft – und das nicht nur einmal; außerdem möchte er möglichst viel einnehmen.
- Im Meeting geht es nun darum, ein für beide Seiten zufrieden stellendes Ergebnis zu finden.

Diese Ziele liegen zu Beginn klar auf dem Tisch. Sie sind aber nur die Spitze des Eisbergs; unter der Wasseroberfläche lauern diverse Unwägbarkeiten – nämlich das, was Verkäufer und Kunde wollen oder denken, aber nicht explizit formulieren.

Dazu können persönliche Wertungen und Interessen, Verletzungen, Konflikte und Sympathien zählen. Um Gefahren, die auf dieser Ebene lauern, zu eliminieren, müssen Sie sich im Meeting weiter vorantasten. Beachten Sie dazu Folgendes:

- Verwenden Sie klare Formulierungen. So vermeiden Sie von Anfang an Missverständnisse und signalisieren, woran Sie interessiert sind:
  - What we expect …
  - What we're looking for …

- Drücken Sie Ihre Wertschätzung aus. Vertiefen Sie durch Komplimente die bereits im Small Talk aufgebaute gute persönliche Beziehung:
  - We were impressed by your …, Mr O'Keeffe.
  - We think that your … is excellent.

- Definieren Sie Gemeinsamkeiten und bauen Sie ein gemeinsames Fundament auf. Zu diesem Zweck können Sie zum Beispiel auf Gespräche Bezug nehmen, die Sie schon im Vorfeld geführt haben:
  - OK, Mr Foreman, let's identify our common ground …
  - We seem to agree on the focal points of …

- Betonen Sie Übereinstimmungen. Nutzen Sie die Technik des Umformulierens, um positive oder gemeinsame Aspekte zu betonen. Wenn Ihr Kunde zum Beispiel sagt:

„Sounds like a good idea, but would be too expensive", können Sie erwidern:

– But the general idea is good?

◆ Formulieren Sie die Wünsche Ihres Kunden um. Darauf erhalten Sie in der Regel eine positive Antwort, die Ihnen beim Aufbau einer gemeinsamen Basis helfen wird:

– So, you're interested in ...?
– OK, you said you wanted to ...?

◆ Stellen Sie Fragen. Dadurch – wie durch das Umformulieren – können Sie Missverständnissen vorbeugen und Konfliktpotenzial frühzeitig erkennen. Insbesondere als Nichtmuttersprachler sollten Sie sich das zu Herzen nehmen, denn durch die sprachliche Hürde ist das Risiko von Missverständnissen besonders hoch.
Um schwierige Bereiche einzugrenzen, eignen sich Vergewisserungsfragen:

– So, we need to resolve the issue of ... Right?
– Well, the main difference seems to be ... Right?

Mit offenen Fragen (vgl. Kap. 2.3) können Sie Ihren Kunden dazu bewegen, seine Position offen darzulegen oder zu konkretisieren:

– What exactly are you interested in ...?
– How much would you need?

◆ Stellen Sie den Gewinn heraus, den eine Einigung für alle Beteiligten hätte. Betonen Sie, dass Ihnen an einem positiven Ergebnis und an einer langfristigen Geschäftsbeziehung gelegen ist:

– This would be very promising for all of us.
– This could be a huge benefit for both sides.

Ü1 Setzen Sie die passenden Ausdrücke ein.

get back to you – draw up a quotation – it's hard to say – a range of possibilities – That depends on

George: We don't have a lot of time. Can you deliver the computers by next Friday the latest?

Ulrika: ______________________ (1) how many other orders we're working on right now. I'll check and ______________________ (2) early tomorrow.

George: What sort of after-sales service can you offer us?

Ulrika: There are ______________________ (3). I'll e-mail you details of our different service packages and you can choose which one you want.

George: Can you give me a rough idea of how much this will cost?

Ulrika: No, sorry. At the moment ______________________ (4) how expensive it will be. I'll let you know as soon as I can.

George: Thanks for taking the time to talk to me today. Now, what's the next step?

Ulrika: Well, I'll ______________________ (5) and send it to you. Then you can see in detail what we can offer you.

5.3 Überzeugungsarbeit

Possibly maybe

Wie wir schon gesehen haben, gehen Käufer und Verkäufer mit bestimmten, teilweise voneinander abweichenden Zielvorstellungen ins Meeting. Jede Partei möchte ein für sich positives Ergebnis erzielen. Um das zu erreichen, gilt es, die Gegenseite von der eigenen Position zu überzeugen.

Aus Sicht des Verkäufers

Wenn Sie etwas verkaufen möchten, müssen Sie Ihren (potenziellen) Kunden von verschiedenen Dingen überzeugen. Dazu gehört die Qualität Ihrer Produkte und Dienstleistungen ebenso wie Ihre Zuverlässigkeit und Servicequalität. Um in jeder Hinsicht überzeugend aufzutreten, kann eine Firmenführung oder Produktpräsentation schon das Ihre beitragen. Aber richtig zur Sache geht es dann im Meeting – hier gilt es, echte Überzeugungsarbeit zu leisten.
Aus dem Vertrieb mögen Ihnen da zwei Begriffe bekannt sein – „Hardselling“ und „Softselling“:

- Für einen Hardseller ist Verkaufen ein aktiver Prozess, eine Show; er betont Produktqualitäten und Preis. Er möchte den Kunden in eine bestimmte Richtung lenken und von seinem Angebot überzeugen. Sein Ziel ist es, einen möglichst hohen Abschluss zu erzielen.
- Ein Softseller hingegen konzentriert sich auf das, was der Kunde wünscht, und versucht, Produkt oder Dienstleistung entsprechend individuell anzupassen.

Wer welche Verkaufsstrategie nutzt, ist einerseits eine Frage der Unternehmenspolitik und andererseits eine Frage der Mentalität und der konkreten Situation.

> Ideal ist es, wenn Sie in der Lage sind, je nach Situation und Verhandlungspartner Ihren Stil zu variieren und flexibel zu agieren.

Hardselling-Strategien

- Vereinfachen
  - Basically, we'll offer …
  - Frankly, this is a good price …
- Druck ausüben
  - Well, there's hardly room for manoeuvre …
  - This is out of the question.
- Realität einbringen
  - The market won't accept a higher price.
  - Our main competitors aren't able to …
- Kernbotschaft wiederholen
  - This is not only much cheaper and bigger, it is faster, too.
  - This is the best offer for the best price …
- Qualität unterstreichen
  - This is the most sophisticated product …
  - We have added state-of-the-art technology …

Softselling-Strategien

- Die Gegenseite sprachlich einbinden
  - As you're all aware of …
  - As we all know …
- Aufmerksamkeit des Kunden wecken
  - Have you ever thought about …?
  - Did it ever cross your mind that …?
- Ausschmücken
  - As an example, …
  - This reminds me of a situation …

- Nutzen unterstreichen
  - Our proposal will help you to …
  - You will achieve … in the long run
- Persönlich werden
  - I understand how you feel.
  - If this were only my decision …

Ü2 Ordnen Sie die folgenden Aussagen einer Verkaufsstrategie zu.

1. To put it simply, that's it.	A *hard sell:* putting on pressure
2. Have you considered that you might need this?	B *hard sell:* bringing in reality
3. We can't sell it for less, that's not possible.	C *soft sell:* raising the customer's attention
4. This is the fastest PC available on the market.	D *hard sell:* simplifying
5. Our plan will help you to implement this faster.	E *soft sell:* getting personal
6. I understood that you're interested in high quality.	F *soft sell:* pointing out benefits

Aus Sicht des Käufers

Analog zur Unterscheidung von Hardselling und Softselling bei den Verkaufsmethoden kann man je nach Vorgehensweise aufseiten des Käufers von „Hardbuying“ und „Softbuying“ sprechen. Sehen Sie sich dazu folgende Übungen an.

Ü3 Ordnen Sie die Aussagen auf der linken Seite ihren Entsprechungen zu.

„Hardbuying"	*„Softbuying"*
1. You must be joking!	A We understood you were able to deliver 12,000.
2. We want a longer warranty!	B You cannot possibly mean that?
3. We want a better price.	C We have had better offers.
4. You said you could deliver 12,000.	D I'm afraid we won't find that price acceptable.
5. We are unhappy with the discount.	E We are not very happy with the discount.
6. This is a lousy offer.	F We were hoping for a longer warranty.

Ü4 Formulieren Sie die Sätze zu „Softbuying"-Aussagen um. Die Wörter in Klammern helfen Ihnen dabei.

1. We can't accept this price. (sorry / quite / difficult)

___

2. We must close the deal today. (hoping / be able)

___

3. This is most inconvenient. (afraid / may / not very)

___

4. You must deliver next week. (appreciate / if / could)

___

5. You said you'd give us a higher discount. (understood / would be)

___

Wie Übung 3 zeigt, verwendet ein „Softbuyer“ die diplomatischen Formulierungen, die Sie schon in Kapitel 4 kennen gelernt haben.

Typische Fragen eines Kunden auf Englisch sind:

- What do you see as the main advantages of …?
- How flexible are you on …?
- How soon could you …?
- What terms would you be able to offer?

Weitere Überzeugungsstrategien

Für eine noch überzeugendere Gestaltung Ihrer Argumentation bieten sich, z.B. bei einer Präsentation oder in einem *budget meeting*, einige weitere Überzeugungsstrategien an:

- Zentrale Informationen herausstellen
  - We have to pay attention to …
  - The key issue here is …
- Das Positive unterstreichen
  - Profit wasn’t that high, but our market share increased.
  - It will take a while, but then we will have a stable system.
- Zahlen ins Spiel bringen
  - Based on these figures, we have no choice but to …
  - If we look at these figures, we need to …
- Rhetorische Fragen stellen
  - What does this mean? Well, it means that …
  - What can we do? Well, we can …

5.4 Angebote und Zugeständnisse

Give it away

Die Verwendung von konkreten Aussagen ist nützlich, hat aber ihre Tücken. Dies gilt speziell dann, wenn Sie Angebote bzw. Zugeständnisse machen wollen oder müssen, denn wenn Sie sagen „*We offer …*“, legen Sie sich fest und engen Ihren Verhandlungsspielraum ein.
Daher sollten Sie beim Unterbreiten von Angeboten zunächst einen Testballon starten, indem Sie Ihre Aussage mithilfe von Modalverben abschwächen. Dabei stehen Ihnen unterschiedliche Stärkegrade zur Verfügung:

- *Mild:* We **might** offer …
- *Medium:* We **can** offer …
- *Strong:* We **will** offer …

Kompromissbereitschaft

Wenn um Preise und Konditionen gefeilscht wird (*bargaining*), müssen Sie Kompromissbereitschaft zeigen. Das heißt nicht, dass Sie um jeden Preis einen Kompromiss eingehen müssen: Sie haben in der Vorbereitung ein Minimalziel definiert, das Sie nicht unterschreiten wollen. Aber in dieser Phase sollten Sie Ihren guten Willen signalisieren:

- We will be able to …
- Another solution would be …

Geben und nehmen

Wenn Sie Zugeständnisse anbieten, dann tun Sie das nie ohne Gegenleistung: Zu verschenken haben Sie nichts. Sie können von der Gegenseite erwarten, dass sie bei dem jeweiligen Verhandlungspunkt oder an einer anderen Stelle Entgegenkommen zeigt. Unterbreiten Sie Zugeständnisse daher stets als bedingte Angebote (*conditional offers*).

Als *conditional* bezeichnet man in der englischen Grammatik die Möglichkeitsform; sie drückt ähnliche Sachverhalte aus wie der Konjunktiv im Deutschen („*wir würden*" oder „*wir könnten*").
Typisch ist in diesem Zusammenhang die Verwendung von *if*-Sätzen (*if-clauses*), denn mit ihrer Hilfe kann man ausdrücken, dass unter einer bestimmten Bedingung etwas geschehen kann oder wird.

If-clauses

Typ I
Wenn Sie ein ernst gemeintes Angebot machen möchten, verwenden Sie Typ I, bei dem im Hauptsatz *will* oder *can* steht und im *if*-Satz *present simple:*

- We **will** do that if you **guarantee** us ...

Diese Form des *if*-Satzes drückt einen realen, tatsächlich erfüllbaren Sachverhalt aus.

Stellen Sie Fragen dieser Art, um herauszufinden, wie weit Ihr Kunde bereit ist zu gehen:

- What **will** you do if we **give** you ...?

Typ II
Für ein vorsichtig formuliertes Angebot, das zunächst eher als Testballon dienen soll, verwenden Sie Typ II – hier steht im Hauptsatz *would, could, should* oder *might,* im *if*-Satz *past simple:*

- We **could** do that if you **guaranteed** us ...

Mit dieser Form des *if*-Satzes formuliert man eine hypothetische Bedingung, Überlegung oder Spekulation.

Ähnlich gelagert sind *conditional questions*:

- What **would** you do if we **gave** you ...?

Ü5 Vervollständigen Sie die *if*-Sätze mit der richtigen Verbform.

1. If you ____________________ (give) us more time, we would be able to look at our logistics problems in more detail.

2. I'll give you a 13 % discount if you ____________________ (place) your order today.

3. I would be prepared to place the order if you ____________________ (offer) us a better after-sales service deal.

4. If you ____________________ (confirm) the terms today, we'll be able to deliver the computers on Monday.

5. If I ____________________ (come) to your meeting tomorrow, will we be able to close the deal?

5.5 Hindernisse überwinden

Come together

Nicht immer läuft alles glatt: Wenn Sie sich auf eine Verhandlung vorbereiten, sollten Sie damit rechnen, dass es zu Blockaden kommen kann, durch die die Verhandlung in eine Sackgasse gerät. Überlegen Sie sich im Vorfeld, wie Sie darauf reagieren.

Machen Sie sich bewusst, dass Verhalten vor allem situationsabhängig und damit beweglich ist.

Bleiben Sie also selbst stets fair und sachlich und bemühen Sie sich, derartig festgefahrene Verhandlungen wieder in Gang zu bringen.

Taktiken und Gegentaktiken

In einer Verhandlung wird es stets kritische Situationen geben, bei denen die Gegenseite zu unfairen Taktiken greift, um ihre eigenen Interessen durchzuboxen. Damit soll in der Regel Widerspruch verhindert und die eigene Position zementiert werden. Eine Reaktionsmöglichkeit sind hierbei erneut offene Fragen:

- It's not good enough. – **What could we change?**
- We can't deliver by Monday. – **When can you deliver?**

Dieses Kapitel stellt Ihnen einige dieser Taktiken vor und zeigt Möglichkeiten auf, wie Sie ihnen begegnen können. Es wird Situationen geben, in denen Sie selbst geneigt sind, diese Taktiken als letztes Hilfsmittel zu verwenden. Tun Sie dies jedoch nur, wenn Sie keinen anderen Ausweg sehen.

Action point: Tell me why?

Vermeiden Sie in kritischen Situationen Fragen mit *Why*. Das Einzige, was Sie damit erreichen, ist, dass die andere Seite ihre Position zementiert, z.B. wie in folgendem kleinen Dialog:

A: It's not possible.
B: Why isn't it possible?
A: Because we can't do this, we don't have that, and …, and …, and also …

Auf einmal sehen Sie sich einer Mauer aus fünf Argumenten gegenüber. Stellen Sie stattdessen eine konstruktive Frage, die die andere Partei zwingt zu kooperieren:

- What would make it possible?

Druck ausüben

Ihr Gegenüber versucht, Sie unter einen massiven Zeitdruck zu setzen:

– If we can't reach agreement today, we'll call it off.

➔ Was Sie tun können: Verweisen Sie auf das bereits Erreichte und gehen Sie zügig zum nächsten Punkt über.

– Well, we've agreed on most issues, so let's move on to …

Die Gegenseite stellt unangemessene Forderungen:

– We're still not happy with the 13% discount you're offering.

➔ Was Sie tun können: Betonen Sie andere Aspekte.

– Can we focus on the after-sales package?

Die Gegenseite spricht das (vermeintlich) letzte Wort:

– This is our final offer.

➔ Was Sie tun können: Unterbrechen Sie die Verhandlung.

– OK, we'll take a break and review this.

Man droht Ihnen:

– Then we'll take our business elsewhere.

➔ Was Sie tun können: Versuchen Sie, das Gespräch höflich wieder auf die konkrete Sachebene zu lenken.

– I don't think this'll help to resolve the issue of the delivery date.

Man unterstellt Ihnen falsche Tatsachen:

- You told us we would get that.

➔ Was Sie tun können: Distanzieren Sie sich höflich von dieser Behauptung.

- The quotation never stated this as an option.

Verzögerungen

Ihr Verhandlungspartner stellt kurz vor dem Abschluss weitere Bedingungen:

- Before we accept, we'd like to talk about the warranty period once more.

➔ Was Sie tun können: Fassen Sie das bisher Erreichte zusammen.

- So, to summarise what we've agreed on so far …

Die Gegenseite redet um den heißen Brei herum:

- We are …, we have to …, I think, I mean it wouldn't be so convenient.

➔ Was Sie tun können: Bitten Sie um Präzision.

- Could you be more precise about that?

Ihr Verhandlungspartner versucht, Entscheidungen hinauszuzögern:

- I can't make that decision without asking my partner.

➔ Was Sie tun können: Artikulieren Sie Ihre Verwunderung über diese Abweichung vom vereinbarten Plan.

- We thought you wanted to reach agreement today.

Die Gegenseite beharrt auf ihrer Position:

- We have absolutely no room for manoeuvre.

➔ Was Sie tun können: Bringen Sie Autorität ins Spiel.

- We'll talk to our boss and get back to you.

Falsches Spiel

Man unterbreitet Ihnen fragwürdige oder offensichtlich falsche Informationen:

- This cost only $10,000 last month.

➔ Was Sie tun können: Fragen Sie nach.

- Where did you get that figure from?

Ihr Gegenüber signalisiert nur scheinbar Einvernehmen:

- If it were only my decision, OK, but I have to check with my boss.

➔ Was Sie tun können: Vergewissern Sie sich, ob Ihr Gegenüber Sie tatsächlich persönlich unterstützt.

- So **you** would agree to our proposal?

Die Gegenseite gibt sich verständnisvoll, bleibt aber in der Sache unnachgiebig:

- I understand your position, but there's nothing I can do.

➔ Was Sie tun können: Verschieben Sie den Fokus und stellen Sie eine konstruktive Frage.

- Who would be able to do something?

Ihr Verhandlungspartner gibt vor, Alternativen zu haben:

- We have a better offer from someone else.

➔ Was Sie tun können: Haken Sie nach.

- What kind of offer did you get exactly?

Ü6 Welche Strategie versteckt sich hinter welcher Aussage?

1. I'm still not happy with the delivery time.
2. I can't make a decision without talking to my boss.
3. I simply can't.
4. I'm still not sure. I need to think about it.
5. Before saying yes, we need to check the payment terms.

A delaying the decision

B unreasonable demands

C remaining inflexible

D beating around the bush

E last minute conditions

Ü7 Welche Entgegnung passt zu welcher Aussage aus Übung 6?

a What's keeping you, then?

b Right. So, when should we three meet up?

c OK, so we're agreed on the discount then?

d So, if we improved that, you'd buy the laptops?

e Sure. About what, exactly?

5.6 Vokabeln und Redewendungen auf einen Blick

to **accept**	annehmen
acceptable	annehmbar
advantage	Vorteil
attitude	Haltung
bargain	Angebot, Schnäppchen
to **bargain**	feilschen
benefit	Nutzen
to **close a deal**	Geschäft abschließen
condition	Bedingung
disadvantage	Nachteil
final offer	Schlussofferte
to **guarantee**	garantieren
last minute	kurz vor Schluss
to **offer**	anbieten
option	Möglichkeit
quotation	Kaufangebot
to **reach agreement**	sich einigen
to **resolve**	lösen
to **review**	überprüfen
room for manoeuvre	Spielraum
scope	Umfang
solution	Lösung
sophisticated	anspruchsvoll
state-of-the-art	modern
term	Bedingung
unreasonable	unangemessen

Gemeinsame Grundlagen

- What you told us was …
- We understood that you're interested in …
- The common ground seems to be …
- If we focus on what we've agreed so far …
- We need to resolve the issue of …

Angebote unterbreiten
- How about …?
- We could offer …
- We might be able to offer …
- What if we offered …

Angebote ablehnen
- That might be difficult for us.
- I don't find this very convenient.
- This is simply not good enough.
- This is not acceptable.
- This is out of the question.

Angebote verhandeln
- We could guarantee … if you gave us …
- If we delivered by, …would you be able to?
- Your price seems to be rather high.
- We were hoping for a more substantial discount.
- We'll offer … if you buy …

Fragen
- What are you interested in?
- How does your production work?
- How do you plan to sell this?
- What would you offer if we bought …?
- Where did you get these figures from?
- How much do you want to buy?
- What do you mean by high quality?
- What would be the best price?
- When can you deliver?
- What's part of the deal?

6 Zum guten Schluss

Auch die beste Diskussion und das vielversprechendste Kundengespräch müssen zu einem ordentlichen Abschluss gebracht werden. Wichtig ist, dass alle Beteiligten das Gefühl mit nach Hause nehmen, an einem fruchtbaren Meeting teilgenommen zu haben, das keine Zeitverschwendung war.
Wie der Abschluss im Einzelnen aussieht, hängt natürlich von Art und Zweck des jeweiligen Meetings ab. Es gibt aber ein paar Grundregeln, die es zu beachten gilt.
Wenn Sie als *chairperson* agieren, sollten Sie ähnlich wie für den Beginn des Meetings auch für den Abschluss eine Checkliste vorbereiten. Welche Punkte sie enthalten sollte, können Sie mit der folgenden Übung herausfinden.

Ü1 Vervollständigen Sie die Checkliste mit den vorgegebenen Wortpaaren.

check + comments // confirm + discussed // fix + meeting // thank + contributions // emphasise + aspects // close + formally // summarise + meeting // make + decisions // allocate + clearly

1. ____________ that everything has been ____________
2. ____________ whether there are any last ____________
3. ____________ the main points of the ____________
4. ____________ sure everyone knows the ____________
5. ____________ responsibilities for actions ____________
6. ____________ a date for the next ____________
7. ________________ the positive ____________
8. ____________ the participants for their ____________
9. ________________ the meeting ____________

6.1 Entscheidungen treffen

Everything must go

In jedem Meeting werden am Ende Entscheidungen getroffen – und sei es die, wann das nächste Meeting anberaumt wird.
Ihre Aufgabe als Besprechungsleiter ist es, diese abschließende Entscheidung zu moderieren. Zunächst sollten Sie zu diesem Zweck signalisieren, dass Sie zum Schluss kommen möchten. Schließen Sie die Diskussion ab und vergewissern Sie sich, dass keine Fragen mehr offen sind:

- If there are no further questions, let's wind things up ...
- Right, let's try to finish on time.

Fassen Sie an dieser Stelle die wichtigsten Ergebnisse und Punkte zusammen:

- To summarise the main points, ...
- To recap the key issues, ...

Wenn es dann um die abschließende Entscheidung geht, sollten Sie als *chairperson* klare Formulierungen und einen eher förmlichen Stil (*directive style*, vgl. Kap. 3.2) wählen, denn eine Entscheidungsfindung ist kein Vorschlag, sondern ein zentraler Punkt auf der *agenda*. Verwenden Sie daher nicht Floskeln in der Art von „*Why don't we ...?*", sondern das deutliche „*Let's ...*" oder „*We have to ...*":

- Let's now make a decision on ...
- We have to decide whether ...

Abstimmen im Team-Meeting

In einem Team-Meeting werden Entscheidungen in der Regel in Form einer Abstimmung getroffen. Leiten Sie die Abstimmung ein, indem Sie den jeweiligen Punkt noch einmal prägnant zusammenfassen:

– Now, we need to vote on …
– Let's put this to the vote, then.

Am einfachsten ist es, die Teilnehmer dann zu bitten, ihre Meinung per Handzeichen kundzutun:

– Can I have a show of hands? Who thinks we should …?
– Anyone who is in favour of …? Anyone against …?
– Any abstentions? (Enthaltungen)

Wenn die Abstimmung abgeschlossen ist, sollten Sie die Entscheidung noch einmal in Worte fassen. So können Sie Missverständnisse ausschließen und überprüfen, ob wirklich alle Teilnehmer die Entscheidung mittragen:

– So, we've decided to …
– OK, that's agreed, then. We will …

Haben Sie das Gefühl, dass einige Teilnehmer in dieser Form noch nicht gut mit der Entscheidung leben können, haken Sie nach:

– Can I assume that everyone is now happy with the decision?

Natürlich kann es auch sein, dass die eine oder andere Entscheidung vertagt werden muss. Darauf sollten Sie hinweisen:

– We won't be able to decide on this today.
– We'll have a decision on this item in the next meeting.

In manch einem Meeting – etwa zu Beginn eines größeren Projekts – liegt womöglich noch gar kein konkretes Ergebnis vor. Dennoch sollte entschieden werden, welche Richtung man im weiteren Verlauf einschlägt. Das sind dann Entscheidungen in kleineren, beispielsweise organisatorischen Punkten (z.B. „Zeitpläne festlegen"):

- Right, can we try to fix a timeline on how to proceed?

Parallel kann man die ersten Punkte für den Aktionsplan vorbereiten (z.B. „Garantiefrage abklären"):

- OK, you'll need to check the warranty. Can we agree on a meeting to discuss this, then?

So stellen Sie sicher, dass die Verhandlung oder das Projekt in eine weitere Runde geht – auch damit ist schon viel gewonnen.

Einen Termin für das nächste Meeting festlegen

Nutzen Sie die Gunst der Stunde, um gemeinsam mit den Teilnehmern einen Termin für das nächste Meeting festzulegen. Damit ersparen Sie sich umständlichen E-Mail-Verkehr:

- Let's try to fix a date for the next meeting.
- I suggest we hold the next meeting on …

Geschäftsabschluss

In einer Verhandlung entspricht diese letzte Phase des Meetings dem Geschäftsabschluss. Hier bietet es sich an, rhetorische Fragen zu verwenden, um die getroffene Vereinbarung zu bekräftigen:

- So, we've got a deal, then?
- Right, what's the bargain we've struck? We agree that …

Natürlich kann es auch in einer Verhandlung mit Kunden passieren, dass die Entscheidung vertagt werden muss – etwa, weil noch Einzelheiten geklärt werden müssen oder weil in manchen Punkten keine Einigung erzielt werden konnte.

Ü2 Die folgenden Adjektive werden oft zusammen mit dem Substantiv *decisions* verwendet. Bilden Sie Gegensatzpaare.

1. right	a deliberate
2. unanimous	b stupid
3. major	c needless
4. final	d controversial
5. crucial	e minor
6. hasty	f wrong
7. smart	g preliminary

6.2 Ergebnisse formulieren

This is the right time

Der Abstimmung folgt im Team-Meeting die Ausarbeitung eines Aktionsplans, in dem die Aufgabenverteilung festgehalten wird. Einleitend können Sie die einzelnen Aktionspunkte und Aufgaben, die sich aus der Entscheidung ergeben, zusammenfassen:

- Based on that decision, we need to allocate ...
- The decision on ... means that we have to ...

Um die Unsetzung zu garantieren, sollten sofort klare Zuständigkeiten geschaffen werden:

- Lee, can I ask you to ...?
- Claudia, will you be able to ...?

Wenn alle Aufgaben verteilt sind, fassen Sie noch einmal zusammen, wer wofür zuständig ist:

- Right, to summarise the roles of everyone ...
- OK, the following actions have been decided ...

Auch am Ende einer Verhandlung mit Kunden muss auf den Punkt gebracht werden, worauf man sich geeinigt hat und wem welche Aufgaben zugeteilt wurden. Dies geschieht im Interesse beider Parteien, denn so lassen sich Missverständnisse vermeiden:

- So, we agree that you'll buy … for a price of …
- OK, as agreed, we'll deliver … units by next week.

Wenn in Ihrer Verhandlung noch kein konkreter Abschluss getätigt wurde, ist es trotzdem wichtig, die Ergebnisse der Zusammenkunft zu formulieren, da Sie hier auf das weitere Vorgehen verweisen können:

- So, we'll send you the brochures by Friday.
- OK, so you'll talk to your boss and give us a ring on Monday.

Hier ist nun der Zeitpunkt gekommen, an dem Sie die Modalverben (mit Ausnahme von *can* und *will*) hinter sich lassen und sprachlich konkret werden sollten:

Wichtige Zeiten und ihre Funktionen im Überblick

Present perfect – um Erreichtes zusammenzufassen:

- We **have achieved** a lot today.

Present simple – für Fakten oder Meinungen:

- That **covers** everything.
  You **are** a tough negotiator.

Present continuous – bei derzeitigen und kurzzeitigen Aktivitäten und um Verabredungen festzuhalten:

- We'**re meeting** next Tuesday, then.

Will future – für Vorhersagen, Erwartungen (etwas ist nicht sicher) und Entschlüsse (z.B. Versprechen):

- We'**ll draw** up the contract.
- We'**ll benefit** from this.

Going to future – für Vorhaben und Pläne; betont wird die Absicht (etwas ist sicher):

- We'**re** definitely **going to buy** from you again.

Hinweis: Der Unterschied zwischen *will* und *going to* liegt darin, dass *will* eine Note der Ungewissheit enthält (*„We will do that." – „But when?"*). Um die Aussage verbindlicher zu machen, kombinieren Sie *will* mit konkreten Angaben:

- I'**ll send** the brochures **on Monday.**

Da mit *going to* Absichten und Pläne wiedergegeben werden, bietet sich dies in vielen Fällen an, um die eigene Bereitschaft zu unterstreichen:

- We'**re** definitely **going to look** into this.

Ü3 Setzen Sie die richtige Zeitform ein.

1. You ________________ (drive) a hard bargain.
2. We ________________ (reach) agreement on all major points.
3. We ________________ (resume) the meeting on Tuesday.
4. We ________________ (stick to) the discount we offered.
5. Both sides ________________ (make) a lot out of this deal.

6.3 Ein Meeting beenden und reflektieren

It ain't over till it's over

Das Meeting formell beenden

Nachdem alle Entscheidungen getroffen sind und der Aktionsplan steht, ist es Zeit, das Meeting formell zu beenden:

- Let's finish and meet again on ...

Eine Verhandlung können Sie z.B. so abschließen:

- OK, we have a deal.
- Fine, let's call it a day.

Denken Sie daran: Man trifft sich stets zweimal im Leben; anders gesagt: Vor dem Meeting ist nach dem Meeting.

> Beenden Sie die Zusammenkunft also mit einer positiven Note, indem Sie den Teilnehmern danken.

Dies können Sie im Team-Meeting beispielsweise mit folgenden Formulierungen tun:

- Thanks, everyone. We've achieved a lot today.
- Thank you, this has been a very constructive session.

Nach einem Treffen mit Kunden oder Lieferanten können Sie abschließend sagen:

- It was a pleasure meeting you. I'm really looking forward to doing business together.
- Thank you for your time, this has been a very helpful discussion.

Es empfiehlt sich, zum Abschluss ein paar persönliche Worte zu sagen, um das Treffen positiv ausklingen zu lassen:

- Have a safe journey home.
- I'm looking forward to seeing you again.

Ü4 Setzen Sie den passenden Ausdruck ein.

concludes – fix – just – over – participation – through – wrap

1. Let's ______________ things up here.
2. I ______________ want to go ______________ what we've decided this afternoon.
3. Let's ______________ a time for our next meeting.
4. That ______________ our business for today.
5. Thanks for your active ______________ this afternoon.
6. We really got ______________ a lot of business.

Ü5 Verbinden Sie die Satzhälften so, dass sich typische Abschiedsformeln ergeben.

1. That was a most	a meeting you.
2. We've achieved	b again next Friday.
3. We'll send the	c trip home!
4. I'll get in touch	d to working with you.
5. We're looking forward	e report on Monday.
6. It was very nice	f interesting meeting.
7. Have a safe	g a lot today.
8. We're meeting	h with Tim on the research.

Den Verlauf des Meetings reflektieren

Aus der Erfahrung vergangener Meetings können Sie wertvolle Anregungen für zukünftige Besprechungen ziehen. Daher sollten Sie sich nach jedem Meeting ein wenig Zeit dafür nehmen, Verlauf und Erfolg zu reflektieren.
Fragen Sie sich in Bezug auf die Rolle der Teilnehmer, wessen Beiträge effektiv bzw. weniger effektiv waren und woran das jeweils gelegen haben mag. Wenn es darum geht, die Besprechungsleitung zu reflektieren, bieten folgende Fragen Orientierung:

- Wie hat die *chairperson* ihre Rolle ausgefüllt? Was war vorbildlich, was wäre verbesserungswürdig?
- Wurden die zuvor formulierten Ziele erreicht?
- Wie ist der Moderator mit den Teilnehmern umgegangen?

Diese Reflexion kann entweder individuell oder gemeinschaftlich in der Gruppe erfolgen. Was im konkreten Fall sinnvoller ist, sollten Sie situationsabhängig entscheiden – es hängt von der Zusammensetzung der Gruppe und von der Art des Meetings ab.
Falls Sie sich dafür entscheiden, das Meeting in der Gruppe zu reflektieren, können Sie als *chairperson* diese Diskussion mit folgenden Formulierungen einleiten:

- What did you find most useful today?
- How well did we reach our objectives for the meeting?

Action point: How was it for you?

Nutzen Sie die folgende Checkliste, um zu bewerten, wie zufrieden Sie mit Verlauf und Ergebnis des Meetings sind. Bewerten Sie Ihre *performance* auf einer Skala von 1 (sehr gut) bis 6 (sehr schlecht). Ergänzen Sie die Checkliste gegebenenfalls nach Bedarf.

Meeting points	1	2	3	4	5	6
Preparation						
Objectives						
Building relationship						
Common ground						
Listening						
Constructive attitude						
Professional style						
Flexibility						
Use of language						
...						
...						

6.4 Aktionsplan verfolgen

We'll meet again

Protokoll

Alle beschlossenen Aktionen taugen nichts, wenn sie nicht umgesetzt werden. Dazu müssen sie greifbar sein. Der erste Schritt ist das Verfassen des Protokolls (*minutes*). Darin werden die wesentlichen Punkte und Entscheidungen schriftlich festgehalten. Bei formellen Meetings und Verhandlungen fällt das Protokoll entsprechend ausführlich und offiziell aus. Bei vielen Meetings – insbesondere auch informellerer Art – genügt aber ein kurzes Protokoll, das inzwischen immer häufiger per E-Mail versandt wird.
Im Folgenden finden Sie ein Beispiel für ein solches Kurzprotokoll, anhand dessen illustriert wird, worauf dabei zu achten ist:

Beispiel: Kurzprotokoll als E-Mail

To: Project Team, Sales
Subject: minutes of meeting April 25

Minutes of the budget meeting in Zurich, April 25 ❶

Subject ❷:	Product launch for Eastern Europe
Present ❸:	Joanna, Lee, Claudia, Vincent, Maria
Apologies:	Tim
Action points ❹:	– Lee to conduct market research – Claudia to recruit local agents in Prague – Vincent to survey competitors
Votes ❺:	The meeting decided to go ahead with the product launch in the Czech Republic in summer.
Next meeting ❻:	May 15, time and place to be announced

Erläuterung: Beginnen Sie mit dem Datum und Ort des Meetings ❶ und beschreiben Sie kurz dessen Zweck ❷. Halten Sie ferner fest, wer anwesend war und wer nicht ❸. Fassen Sie dann kurz die einzelnen Aktionspunkte ❹ und Entscheidungen zusammen ❺. Zum Schluss folgt der Verweis auf das nächste Meeting ❻.

Follow-up e-mail

Auch bei Meetings, die eigentlich keines Protokolls bedürfen, ist eine *follow-up e-mail* sinnvoll, in der Ergebnisse oder Zeitpläne festgehalten werden. So besteht die Gelegenheit, Kontakte zu Kunden oder Geschäftspartnern zu vertiefen oder die Teilnehmer an ihre Aufgaben zu erinnern.

Ü6 Setzen Sie die passenden Ausdrücke ein.

would really help – hesitate to contact – you can make – happy to answer – your visit on – you missed our – get in touch – As promised – pleased to welcome – minutes of the meeting

Follow-up e-mail 1

Dear Mr Foreman,

Thank you very much for ________________ (1) Tuesday. We found this most interesting and are ________________ (2) you as a customer. ________________ (3), I will send you the brochures which include the technical specifications of the laptops you were interested in as a pdf file.
At our next meeting our IT-specialist Anne West will be ________________ (4) any questions about installing your company-own software.
Please do not ________________ (5) me if you have any further queries.

Kind regards,
Ulrika Janson

Follow-up e-mail 2

Hi Tim,

Sorry ________________ (6) last meeting. It was really effective. Below you'll find the ________________ (7). Could I ask you to ________________ (8) with Lee about the market research to be conducted?
I know you designed a concept for Poland last year, so your experience ________________ (9).
We'll have the next meeting in May, and I hope ________________ (10) it then.

See you
Joanna

Getting it across: Let me entertain you

Der Erfolg eines Meetings hängt nicht nur vom eigentlichen Meeting ab:

> In vielen Kulturen ist das *corporate entertainment* – also der Besuch eines Restaurants, einer Bar oder auch ein Ausflug – ebenfalls Teil des Business.

Insbesondere in Asien und in den arabischen Ländern wird auf diese Form der Vor- und Nachbereitung viel Wert gelegt: Man macht nur Geschäfte mit Leuten, die man gut kennt, respektiert und schätzt. Das setzt voraus, dass man auch außerhalb des Besprechungsraums genügend Zeit in die Beziehung investiert.

> Planen Sie also bei Meetings im Ausland genügend Zeit für das Entertainment ein.

Dabei gilt:

- Sie müssen nichts essen, was Sie nicht essen wollen – lehnen Sie gegebenenfalls höflich ab; nützlich ist dabei etwa der Verweis auf (erfundene wie reelle) Allergien oder Ähnliches.
- Sind Sie in einem Land zu Gast, in dem mit Stäbchen gegessen wird, dürfen Sie ruhig um Messer und Gabel bitten: Dem Gastgeber wird schließlich an Ihrem Wohlergehen gelegen sein, sodass er nichts einzuwenden haben wird.

Umgekehrt sollten Sie berücksichtigen, dass Sie für eine Begegnung mit ausländischen Geschäftspartnern im eigenen Land ein paar Vorkehrungen treffen: Machen Sie sich mit der Kultur Ihres Geschäftspartners vertraut und organisieren Sie die eine odere andere Aktivität außerhalb des Besprechungsraums. Nutzen Sie beispielsweise einen Restaurantbesuch als ausgezeichnete Möglichkeit, gute Geschäftsbeziehungen aufzubauen.

6.5 Vokabeln und Redewendungen auf einen Blick

to **abstain**	sich enthalten
abstention	Enthaltung
against	gegen
to **conclude**	abschließen
to **confirm**	festhalten
controversial	umstritten
crucial	wesentlich
deliberate	überlegt
to **draw up**	ausarbeiten
final	endgültig
hasty	voreilig
to **hesitate**	zögern
in favour	zugunsten, dafür
major	größer
minor	kleiner
motion	Antrag
needless	unnötig
preliminary	vorläufig
proposal	Vorschlag
to **recap**	rekapitulieren
to **resume**	wieder aufnehmen
show of hands	Handzeichen
to **stick to**	halten an
unanimous	einmütig

Zum Schluss kommen

- Let's wind things up here.
- It's quite late and we're a bit pressed for time.
- I don't want to let the discussion run over time.
- Let's recap the main issues here.
- Let me briefly summarise the key ideas.

Entscheidungen

- I'd like to propose that …
- I'd now like to have a vote on whether to decide …
- Can we vote on this?
- Can we have a show of hands?
- Those in favour? Those against?
- Any abstentions?

Ergebnisse

- Just to confirm, we're going to …
- Well, it seems we're all agreed that we should …
- So, we've decided that.
- Mark, you'll get in contact with …
- Now, we have to prepare …
- Sue, you're going to look into …
- We'll send you the quotation next week.

Schlussformeln

- That concludes our meeting.
- Let's fix a date and time for the next meeting.
- That was a very useful meeting.
- We achieved a lot today.
- Thank you for your hard work.
- Thank you very much for your time.

Vorabschiedung

- We're looking forward to working with you.
- Have a safe journey home.
- Have a safe trip back to London.
- See you next week.
- I look forward to our next meeting.
- It was nice meeting you.

Lösungen

Kapitel 1

Seite 8

Ü1

1. e 2. f 3. b 4. c 5. a 6. d

Seite 11

Ü2

2. When would you like to meet?
3. How about Thursday morning at 11.30?
4. How would next Tuesday be for you?
5. I hope that will suit you.
6. I look forward to meeting you then.

Seite 14/15

Ü3

1. Good morning
2. like to visit
3. thinking of Tuesday
4. that suit you
5. about 11.00
6. could have lunch
7. would be possible
8. be convenient
9. See you Tuesday
10. Me, too.

Ü4

1. discuss
2. finalise
3. schedule
4. suggest
5. book
6. break
7. continue
8. reply
9. suit

Seite 16

Ü5

1. h
2. g
3. k
4. j
5. i
6. c
7. e
8. f
9. d
10. a
11. b

Seite 20

Ü6

Dear Mr Foreman,

Regarding our telephone call this morning, I'm sending you

the details of our meeting on Friday at 2.00 pm at our head office here in Hamburg. We will tour our assembly line first and we will demonstrate some of our state-of-the art laptops. I'll attach our new brochure as a pdf-file.

I look forward to meeting you next week,

Kind regards,
Ulrika Janson
Key Account Manager

Kapitel 2

Seite 25/26

Ü1

Folgende Antworten charakterisieren die deutsche Meetingkultur (Antwort „yes"): 1a, 2b, 2c, 3a, 3c, 3d, 4a, 4b, 4c, 4d, 4f, 4h, 5a, 5d

Seite 30/31

Ü2

1. g 2. f 3. e 4. a 5. h 6. d 7. c 8. b

Ü3

1. see/How
2. Fine
3. fine/too
4. Do/know
5. Pleased
6. meet/too
7. Let/introduce
8. do you

Seite 34

Ü4

1. b 2. f 3. a 4. g 5. c 6. h 7. d 8. e

Ü5

A 7 B 6 C 4 D 8 E 2 F 5 G 1 H 3

Seite 36/37

Ü6

1. And how do you like it?
2. Where are you staying, then?
3. What's it like?

Ü7

1. inexpensive/central
2. fantastic/famous
3. trendy/excellent
4. crowded/mild

Kapitel 3

Seite 43

Ü1

1. h
2. d
3. b
4. e
5. f
6. j
7. a
8. c
9. g
10. i

Ü2

A 5
B 10
C 2
D 3
E 1
F 7
G 6
H 9
I 4
J 8

Seite 45

Ü3

1. d
2. a
3. e
4. c
5. b

Ü4

1. looking/about
2. finishing
3. talking
4. going/over/about
5. at/about

Seite 49

Ü5

1. We're pressed a bit for time.
2. We're running out of time.
3. Let's try to finish on time.
4. We need to finish by five.
5. Let's try to remember the time.
6. Remember, we don't have much time.

Ü6

1. at
2. by
3. on
4. by
5. have been
6. received
7. are facing

Seite 56/57

Ü7

1. b
2. c
3. d
4. e
5. a

Ü8

1. That would take too much time.
2. It would be too expensive.
3. My boss would never agree.
4. This isn't a good moment for that.
5. We tried this before and it didn't work.

Ü9

1. How much **time do you** have?
2. How big **is your** budget?
3. What **would** convince him?
4. What **could be a** better moment?

Kapitel 4

Seite 66/67

Ü1

1a I think we could try to re-negotiate the contract.
1b We should save money in other areas.
1c We have to get out of the contract and find another provider.
2a We might offer more training in customer care.
2b We can provide customer care via the internet.
2c We ought to replace the team with staff of a more positive attitude.

Ü2

1. exactly
2. absolutely
3. necessary
4. absolutely
5. important
6. great

Seite 68/69

Ü3

1. e 2. b 3. d 4. a 5. c

Ü4

1. These figures are quite impressive.
2. Let me tell you how we got to these figures.
3. The figures are a little disappointing.
4. These figures show the advantage of our plan.
5. The figures speak for themselves.
6. Just look at these figures.

Seite 73

Ü5

1. e 2. f 3. c 4. b 5. g 6. d 7. a

Ü6

1. That's a fair point.
2. OK, I see your point.
3. You've got a point there.
4. I agree with you up to a point.
5. That's just not the point.
6. That's completely beside the point.

Seite 74

Ü7

1. d 2. c 3. a 4. e 5. b

Seite 78

Ü8

1. Your management style is **not really satisfactory.**
2. The service we have received from them is **not really up to standard.**
3. The results of your market research are **a bit disappointing.**
4. Your approach to problem solving is **not really adequate.**
5. Geoff's presentation was **a bit below standard.**
6. **Sorry, but** the quality of your company's customer service is **not really satisfactory.**

Kapitel 5

Seite 88

Ü1

1. That depends on
2. get back to you
3. a range of possibilities
4. it's hard to say
5. draw up a quotation

Seite 91

Ü2

1. D 2. C 3. A 4. B 5. F 6. E

Seite 92

Ü3

1. B 2. F 3. D 4. A 5. E 6. C

Ü4

1. We're sorry but we'd find it quite difficult to accept this price.
2. We were hoping to be able to close the deal today.
3. I'm afraid this may not be very convenient for us.
4. We'd appreciate if you could deliver next week.
5. We understood there would be a higher discount.

Seite 96

Ü5

1. gave 2. place 3. offered 4. confirm 5. come

Seite 101

Ü6

1. B 2. A 3. C 4. D 5. E

Ü7

a 3 b 2 c 5 d 1 e 4

Kapitel 6

Seite 104

Ü1

1. confirm + discussed
2. check + comments
3. summarise + meeting
4. make + decisions
5. allocate + clearly
6. fix + meeting
7. emphasise + aspects
8. thank + contributions
9. close + formally

Seite 108

Ü2

1. f 2. d 3. e 4. g 5. c 6. a 7. b

Seite 110

Ü3

1. drive
2. have reached
3. are resuming
4. are going to stick to
5. will make

Seite 112

Ü4

1. wrap
2. just/over
3. fix
4. concludes
5. participation
6. through

Ü5

1. f 2. g 3. e 4. h 5. d 6. a 7. c 8. b

Seite 116

Ü6

1. your visit on
2. pleased to welcome
3. As promised
4. happy to answer
5. hesitate to contact
6. you missed our
7. minutes of the meeting
8. get in touch
9. would really help
10. you can make

Haben Sie gewusst, von wem die zitierten Songtitel und -zeilen in diesem Buch stammen? Hier die Auflösung:

S. 7	What's the name of the game	Ace of Base
S. 9	For the very first time	Robin Beck
S. 12	London calling	The Clash
S. 12	Straight to you	Nick Cave
S. 16	What you need	INXS
S. 17	Picture this	Blondie
S. 18	What's up?	Four Non-Blondes
S. 24	Knowing me, knowing you	ABBA
S. 27	Digging your scene	Blow Monkeys
S. 27	If you don't know me by now	Simply Red
S. 31	The chemistry between us	Suede

S. 32	I need to know	Marc Anthony
S. 32	A little bit of this and a little bit of that	Duke Ellington
S. 40	Let's get down to business	Eminem
S. 41	Forever delayed	Manic Street Preachers
S. 44	Everybody's talking	Harry Nilsson
S. 47	The time is now	Moloko
S. 50	People make the world go round	Mark Dorsey
S. 51	Say my name	Destiny's Child
S. 53	In one tongue	Joe Mubare
S. 54	Under pressure	Queen & David Bowie
S. 61	It's up to you	Les Immer Essen
S. 63	Listen without prejudice	George Michael
S. 64	Say what you want	Texas
S. 69	Just a different point of view	Pet Shop Boys
S. 71	No, no, never	Texas Lightning
S. 74	Don't stop me now	Queen
S. 75	Don't let me be misunderstood	Eric Burdon
S. 78	Left to my own devices	Pet Shop Boys
S. 82	Break on through to the other side	The Doors
S. 85	The winner takes it all	ABBA
S. 89	Possibly maybe	Björk
S. 94	Give it away	Red Hot Chili Peppers
S. 96	Come together	The Beatles
S. 97	Tell me why	Bronski Beat
S. 105	Everything must go	Manic Street Preachers
S. 108	This is the right time	Lisa Stansfield
S. 111	It ain't over till it's over	Lenny Kravitz
S. 113	How was it for you	James
S. 114	We'll meet again	Vera Lynne
S. 117	Let me entertain you	Robbie Williams

Alphabetischer Wortschatz Englisch – Deutsch

absolutely	völlig
to **abstain**	sich enthalten
abstention	Enthaltung
to accept	annehmen
acceptable	annehmbar
to **add**	hinzufügen
to **adjourn**	vertagen
advantage	Vorteil
against	gegen
agenda	Tagesordnung
to **agree**	zustimmen
to **amend**	hinzufügen
announce	ankündigen
to **apologise**	entschuldigen
to **arrange**	einrichten
attitude	Haltung
bargain	Angebot, Schnäppchen
to **bargain**	feilschen
benefit	Nutzen
to **brief**	unterrichten
to **bring sb in**	jdn. einbeziehen
to **bring sth up**	etw. aufbringen
button	Taste
to **call for**	etw. einberufen
to **cancel**	absagen
to **catch sth**	etw. verstehen
to **chair**	leiten
chairperson	Vorsitzende(r)
to **close a deal**	Geschäft abschließen
to **come in**	etw. einwerfen
to **conclude**	abschließen
condition	Bedingung
conference call	Telefonkonferenz
conference code	Kennnummer der Konferenz
to **confirm**	festhalten, bestätigen

to **consider**	in Betracht ziehen
contribution	Beitrag
controversial	umstritten
cordless phone	schnurloses Telefon
crucial	entscheidend, wesentlich
data projector	Beamer (für Laptop)
deliberate	überlegt
dial-in number	Einwahlnummer
to **digress**	abschweifen
to **direct**	steuern
disadvantage	Nachteil
to **disagree**	nicht zustimmen
to **discuss**	besprechen
to **draw in**	einbeziehen in
to **draw up**	ausarbeiten
DVD player	DVD-Spieler
to **enter (a code, number)**	Code/Nummer eingeben
etiquette	Verhaltensregeln
to **examine**	untersuchen
to **facilitate**	moderieren, unterstützen
feasible	machbar
final	endgültig
final offer	Schlussofferte
to **finalise**	abschließen
to **fix a time**	eine Zeit festlegen
flat-screen TV	Flachbildschirm (TV)
flip chart	Flipchart
freephone	kostenlose Rufnummer
to **get at sth**	auf etw. hinauswollen
to **get back**	zurückkommen
to **get sb right**	jdn. verstehen
to **go ahead**	fortfahren mit etw.
to **guarantee**	garantieren
to **hand over**	übergeben
hash button	Rautetaste
hasty	voreilig

to **have a point**	recht haben
to **hesitate**	zögern
in favour	zugunsten, dafür
international number	internationale Rufnummer
to **interrupt**	unterbrechen
issue	Thema
item	Punkt (Tagesordnung)
last minute	kurz vor Schluss
to **lead**	führen, leiten
lectern	Stehpult
local number	Einwahlnummer vor Ort
login	Einwahl
to **lose track**	Faden verlieren
loudspeaker	Lautsprecher
major	größer
to **make a point**	hinweisen auf
marker pen	Marker
microphone	Mikrofon
minor	kleiner
motion	Antrag
to **move on to**	übergehen zu
mute button	Stummtaste
needless	unnötig
to **offer**	anbieten
option	Möglichkeit
overhead projector	Tageslichtprojektor
phone meeting	Telefonkonferenz
pin board	Pinnwand
pointer	Zeiger
preliminary	vorläufig
to **proceed**	fortfahren
progress report	Fortschrittsbericht
proposal	Vorschlag
quite	ziemlich

quotation	Kaufangebot
to **reach agreement**	sich einigen
to **recap**	rekapitulieren
to **reformulate**	umformulieren
to **resolve**	lösen
to **resume**	wieder aufnehmen
to **review**	überprüfen
room for manoeuvre	Spielraum
scope	Umfang
to **second**	unterstützen (Antrag)
to **see a point**	jdn. verstehen
show of hands	Handzeichen
slide	Folie (PC)
solution	Lösung
somewhat	einigermaßen
sophisticated	anspruchsvoll
to **speak up**	lauter sprechen
speakerphone	Freisprecheinrichtung
state-of-the-art	modern
status report	Lagebericht
to **stick to**	halten an
to **summarise**	zusammenfassen
to **take the minutes**	Protokoll führen
to **tend to do sth**	zu etw. neigen
term	Bedingung
transparency	Folie (OHP)
unanimous	einmütig
unreasonable	unangemessen
update	Aktualisierung
video recorder	Videorekorder
to **vote**	abstimmen
wall screen	Leinwand
white board	Wandtafel

Literaturverzeichnis

Comfort, Jeremy: Effective Negotiating. Oxford University Press / Cornelsen 2001.

Goodale, Malcolm: The Language of Meetings. Hueber 2005.

Gutmann, Joanna: Taking Minutes of Meetings. Kogan Page Ltd 2006.

Hall, Edward T.: Beyond Culture. Smith 2003.

Krattenmaker, Tom / Saunders, Rebecca M. / Wreden, Nick: Winning Negotiations that Preserve Relationships. McGraw-Hill Professional 2004.

Laws, Anne: Meetings (Business Skills). Summertown Publishing 2000.

Lencioni, Patrick: The Death by Meeting: A leadership fable. Wiley & Sons 2004.

Pilbeam, Adrian / O'Driscoll, Nina: Meeting and Discussions. Longman 1993.

Thomson, Kenneth: English for Meetings. Cornelsen 2006.

Utley, Derek: Intercultural Resource Pack. Cambridge University Press 2004.

Internetlinks

Tipps	www.effectivemeetings.com www.meetingwizard.org humanresources.about.com/meetingmanagement
Weltuhr	www.timeanddate.com/worldclock
Verhandlungen	www.negotiate.org www.batna.com
Interkulturelles	www.worldexecutive.com www.dialogin.com

Über die Autorin

Kirsten Wächter ist seit 1998, nach Tätigkeiten an den Universitäten in Bochum und Glasgow, freiberuflich als zertifizierte Trainerin für International English for Business und staatlich anerkannte Übersetzerin tätig. Ihre Schwerpunkte liegen dabei auf Business English für Meetings und Verhandlungsführung, interkulturellen Workshops und Coaching sowie Englisch für Ingenieure und für Rechnungswesen/Finanzen (www.tailored-trainings.de).